내면의 선생님
# 스스로 자라는 아이

몬테소리 인사이트
3

몬테소리 인사이트 3
## 스스로 자라는 아이
내면의 선생님
정이비

2021년 11월 5일 초판 1쇄 발행
2025년 9월 17일 개정판 1쇄 발행

지은이 정이비
발행인 조동욱
편집인 조기수
펴낸곳 헥사곤 Hexagon Publishing Co.
등 록 제 2018-000011호 (2010. 7. 13)
주 소 경기도 성남시 분당구 성남대로 51, 270
전 화 070-7743-8000
이메일 joy@hexagonbook.com
도서주문 order@hexagonbook.com
웹사이트 www.hexagonbook.com

ⓒ 정이비 2025 Printed in Seoul, KOREA

ISBN 979-11-92756-75-2  04370
ISBN 979-11-92756-74-5  (SET)

이 책의 전부 혹은 일부를 재사용하려면 저자와 출판회사 헥사곤 양측의 동의를 받아야 합니다.

몬테소리 인사이트
3

내면의 선생님
스스로 자라는 아이

정이비

## 차례

**프롤로그** ...................................................... 8

제 1 장  아이는 하나의 온전한 사람이다 ...................................... 14
제 2 장  아이를 아는 만큼 잘 도울 수 있다 .................................... 22
제 3 장  질서는 아이의 내면을 안정시킨다 ..................................... 30
제 4 장  아이는 이미 생각하는 존재이다 ....................................... 38
제 5 장  사랑을 가르치는 교사는 아이들이다 .................................. 46
제 6 장  아이는 예리한 관찰자이다 ............................................ 54
제 7 장  아이는 삶을 온전히 느끼고 싶어한다 ................................. 62
제 8 장  아이가 주인이 되는 환경이 필요하다 ................................. 68
제 9 장  집중은 교육의 열쇠이다 .............................................. 78
제 10 장 집중하는 방법을 이해해야 아이를 이해할 수 있다 .................... 86

제 11 장 집중은 아이를 빛나게 만든다 ............................................. 94

제 12 장 환경이 교육을 만든다 ..................................................... 102

제 13 장 어른이 준비되어야 아이도 바르게 자란다 ............................ 112

제 14 장 아이의 정신의 길을 돕는 첫 번째 원칙 : ............................. 122
         존중하는 마음에서 교육이 시작된다.

제 15 장 아이의 정신의 길을 돕는 두 번째 원칙 : ............................. 130
         간섭보다 관찰이 먼저다

제 16 장 아이의 정신의 길을 돕는 세 번째 원칙 : ............................. 138
         침묵의 지지가 아이의 내면을 돕는다

제 17 장 새로운 교사의 10가지 의무 ............................................. 146

제 18 장 어른의 모습이 아이의 거울이다 ........................................ 156

## 프롤로그

"아이에게는 두 가지 정신 상태가 존재한다. 하나는 자연 발생적이며 창조적이며, 따라서 정상적이고 우월하다. 그리고 다른 하나는 강자들의 힘에 눌린 약하고 열등한 모습이다."

– 마리아 몬테소리

Dr. 몬테소리는 기존의 아이에 대한 인식의 패러다임을 바꾸었다. 어린 아이라면 늘 울고 정신이없고 산만하며 미숙한 모습이 전부라 여겨졌지만 Dr. 몬테소리는 아주 다른 아이의 모습을 발견하였다. 태어나자 마자 고된 몸을 이끌고도 자신을 품어 준 존재가 누구인지 확인하기 위해 엄마의 얼굴을 응시하는 아이, 아빠의 말하는 입모양을 보며 인간의 언어를 배우기 위해 작은 입을 움직이는 아이, 놀이감을 손에 들고 떨어뜨리기를 반복하며 낙하하는 원리를 배우려고 노력하는 아이, 누워만 있는 불편한 자세에서도 앞으로 쓰일 자신의 손을 매일매일 눈으로 관찰하는 아이, 수백번의 뒤집기를 시도하는 아이, 넘어지면 또 일어나고 또 일어나며 걸음마를 배우는 아이… 아무리 어린 아이라 하더라도 아이들은 자신을 확장하기 위해 움직이며 관찰하고 반복하며 성장을 위해 끊임없이 노력하는 인간이었다.

그러나 우리는 지금까지 아이를 인간으로 생각해 왔었을까? 지금까지 아이에게 정신이 있다고 생각했을까? 지금까지 우리는 아이를 독립된 인격체로 대했을까?

"4년 전인데도 벌써 먼 옛날처럼 느껴진다. 그 때는 아이가 배가 고픈지, 기저귀가 젖었는지, 추운지 더운지, 졸린 지 생각하며 아이의 신체 컨디션을 맞춰 주기만도 너무 정신이 없었다. 아이가 찡찡거릴 때 일단 신체적인 불편함을 먼저 생각했다. 신체적인 이유가 아니라면 아이가 심심해 하는 거니 즐겁게 놀아주어야 한다고 생각했다. 그래서 그네에 태워서 흔들어주고 장난감도 많이도 사줬다. 아이가 까르르 웃고 좋아하는 모습만 흐뭇해 했다. 아이가 무언가를 가만히 바라보거나 집중하는 모습도 있었지만 그게 아이 스스로를 발달시키는 순간이라는 생각을 못했다. 나는 아이가 눈 앞에 있었지만 어떤 생각을 갖고 어떤 노력을 하길 원하는지 세심하게 알아채지 못했다. 신생아조차도 집중하면서 스스로 자기 능력을 발달시킬 수 있다는 생각을 해본 적이 없다. 이 부분이 내가 몬테소리를 접하며 알게 된 가장 충격적인 사실이었다. 나는 아이는 어른이 키우는 것이라고 생각했는데, 정말 중요한 기능은 아이가 신생아 때부터 스스로 발달시키는 거였다. 이전의 나도 아이가 자기 일을 스스로 해서 독립적인 인간으로 크는 것, 엄마가 아이를 나약하게 키우지 않는 부분을 중요하게 생각하긴 했다. 그런데 그런 일은 어른이 알려주고 아이가 배워서 일어나는 거라고 생각했지, 어른의 개입 없이, 잘 준비된 환경 속에서 아이 스스로 만든다는 생각을 하지 못했다."

"영유아 검진 문진표도 모두 신체적 발달을 기준으로 하고 있고, 주변 엄마들과 이야기할 때도 주로 신체적 발달을 기준으로 이야기한다. 쉽게 눈에 보이기 때문이다. 하지만 아이의 정신을 창조하는 것을 돕는 차원에서의 발달은 강의를 듣기 전에는 생각조차 못 했다. 심지어 나는 뒤집기를 더 빨리 하게 하기 위해서 "푹신한 어른 침대에서 뒤집어줘라" "반쯤 돌아갔을 때 조금 도와주면 감을 잡는다" "천 기저귀를 밑에 깔아 놓고 아이가 뒤집으려는 때에 천을 들어올려 뒤집기를 도와줄 수 있다" 등의 일종의 테크닉들을 많이 들어보았다. 이 조언을 실행했다면 지금 많이 후회했을 것 같다. 어차피 하는 뒤집기 굳이 그렇게까지 해야 하나 싶어서 안 한 것이 천만다행이다. 한국의 빨리빨리 정서도 많은 영향을 미치는 것 같다. "우리 아이는 언어가 늦다, 뒤집기가 늦다, 걷는 게 늦다, 느린 아이다" 등등 느리다는 말도 정말 자주 듣는다. 굳이 느리다는 말을 쓰는 것도 회의적으로 생각한다. 그럼에도 신체적 발달 외의 것들이 눈에 도드라지지 않아서 불안한 마음은 나도 많이 겪어보았다. 하지만 더더욱 아이를 믿고, 환경을 준비하고, 기다려 줘야겠다."

위의 두 글은 지금 아이를 키우고 있는 어머니들의 글이다. 위의 글에서 느끼듯 우리는 Dr. 몬테소리를 접하기 전에는 아이가 정신적인 존재라는 사실에 눈을 뜨지 못하였다. Dr. 몬테소리는 이 점을 간파하고 다음과 같이 언급한다.

"지금까지 마찬가지로, 거의 모든 어머니들은 아이들의 성장에 필요한 신체적인 보살핌에 대해 잘 알고 있다. 즉 아이들을 위한 적절한 영양 공급, 온도 조절, 신체에 산소 공급을 증가시키기 위한 맑고 신선한 공기에서의 휴식의 장점을 알고 있다. 그러나 아이는 단순히 먹고 살아야 하는 작은 동물이 아니라, 태어날 때부터 영혼을 가진 존재이다. 만약 우리가 아이들의 건강한 삶을 돌봐야 한다면, 그것은 단지 신체적인 필요에 만족하는 것으로 충분치 않다. 우리는 아이의 정신적인 발달을 위한 길을 열어야 한다. 우리는 생의 첫날부터 아이의 영혼의 충동을 존중하고 그것을 도와줄 수 있는 방법을 알아야 한다."

이 책의 본문은 1938년 Dr. 몬테소리에 의해 쓰여진 The child in the family[*]를 해설한 책이다. 나는 오래전부터 정신적인 존재로서 0-3세 아이들을 보다 자세히 이해할 수 있는 이 책을 한국의 부모님들께 소개하고 싶었다. 이 책에서 언급되는 정신적 태아는 아이가 태어나서 2~3년의 시기를 지칭한다. Dr. 몬테소리는 어머니의 태내에서 10개월의 신체적 태아기를 거쳐 아이가 성장하듯 생후 2~3년의 시기는 아이의 정신적 기관이 성장하는 정신적 태아기라고 보았다. 아이는 이 기간 동안 언어, 운동, 의지, 정서, 지식 등 앞으로 살아갈 인격의 동력이 될 정신적 기관을 형성한다. 이것은 반드시 아이들 스스로의 힘으로 이룩해야 한다고 Dr. 몬테소리는 강조한다. 아이는 실수도 하고 좌절도 하며 시행착오를 겪으며 스스로의 힘으로 굳건한 정신력의 기초를 어릴 때부터 다져야 한다. 다행이도 아이들 마음 속에는 태어날 때부터 성장하고자 하는 욕구, 생명의 충동을 이끌어 주는 열렬한 내면의 선생님inner teacher이 있다. 이 내면의 선생님이 아이들을 이끌어 주기 때문에 아이들은 무엇이든지 배우려 하고 모방하고 관찰하고 바쁘게 움직인다. 이제 어른들이 눈을 떠야 한다. 어리다고 마음대로 개입하고 간섭했던 타성에 젖은 보살핌에서 벗어나 성장하려고 몸부림치는 인간 존엄의 그 자체로 아이를 발견해야 한다. 아이들 마음 속에 자리한 내면의 선생님이 아이를 올바르게 이끌어 줄 수 있도록 아이에 맞는 적절한 환경을 만들어 주고 아이를 존중하고 아이의 무한한 가능성을 믿고 기다려 주어야 한다.

이 책은 해설서 형식이지만 무엇보다 Dr. 몬테소리가 전달하고자 하는 중요한 핵심 메세지를 생생한 원음으로 들려주고 싶어서 따옴표를 사용하여 원서의 내용

---

[*] 저자 주: Maria Montessori , The child in the family, Montessori-Pierson Publishing C. (2010)

을 그대로 소개하였다. 그리고 원서에서 제시되는 내용은 각 장의 제목과는 다른 내용도 함께 구성되어 있어서, 그것을 세분화해서 목차를 더 많이 늘렸다. 또한 본문의 이해를 돕기 위해 많은 아이들의 사진들을 첨부했다. 여기에 실린 사진들은 참으로 소중하다. **나는 개인적으로 AMI 0-3세 몬테소리 교육을 이끌면서 많은 부모님들을 만난다. 코로나바이러스 감염증 상황에서 부모들을 만나는 시간은 밤 10시부터 자정이 넘어가는 시간이다. 하루의 일과를 모두 마치고 침대에 가야 할 시간 부모들은 자신의 아이를 재우고 몬테소리 교육을 공부하기 위해 다시 책상 앞에 마주한다. 부모로서 자신을 점검하고 아이에게 적절한 환경을 제공하기 위해 밤낮을 바쳐 노력을 한다.** 몬테소리 교육은 실천이 중요한 교육이다. 이러한 배움을 실천한 생생한 사례들이 이 사진 속에 녹아 있다. 나는 이 소중한 사진들을 Dr. 몬테소리의 메시지와 함께 공유하고 싶었다. 때로는 시간이 없어서 본문의 내용을 모두 읽을 수 없다면 사진과 함께 실린 글귀를 음미하면서 Dr. 몬테소리의 메시지를 느껴 봐도 좋을 듯하다.

**글을 마무리하며 아직도 생생한 Dr. 몬테소리의 외침이 들리는 듯하다.**
"건강하고, 침착하고, 순진하고, 민감하고, 항상 다른 사람들을 도울 준비가 되어 있는 이 아이들을 관찰하면서, 나는 인류의 근원에 불의를 퍼뜨린 아주 오래된 오류와 큰 죄 때문에 낭비해 온 인간의 에너지의 양을 반성한다. 아이의 무능력, 혼란, 반항을 낳는 것은 어른이고, 아이의 성격을 분열시키고, 그 중요한 충동을 빼앗는 것도 어른이다. 그리고 무엇보다도 그 자신이 아이에게 만들어 낸 오류, 정신적 일탈, 인격의 손상을 바로잡는 데 영향을 미치는 것도 어른이다. 그래서 우리는 출구가 없는 미로 속에, 희망도 없는 실패 앞에 있는 자신을 발견한다. 어른들이 의식적으로 자신의 잘못을 직시하고 바로잡기 전까지는, 그들은 해결할 수 없는 문제의 숲에 있는 자신을 발견할 것이다. 그리고 아이들은, 차례대로 또 어른이 되고, 같은 실패의 희생자가 될 것이다. 그들은 대대로 그것을 전달할 것이다."

이 책의 출간을 위해 도움을 주신 모든 분께 감사드린다.

AMI 0-3세 트레이너 정이비

내면의 선생님

# 제1장

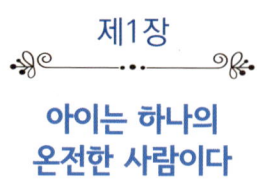

## 아이는 하나의 온전한 사람이다

누구도 의식하지 않았던 어른과 아이의 사회적 관계에 대해서 Dr. 몬테소리는 다음과 같이 토로한다.

"아이란 누구인가? 아이에 대한 억압만큼 보편적인 사회 문제는 없다. 역사적으로, 노예, 하인 계급, 그리고 마지막으로 노동자들과 같은 억압받는 사람들은 종종 억압자들과 공개적인 싸움에서 사회적 변화를 통해 그들의 권리를 추구하는 소수 집단이었다. 미국 남북 전쟁은 노예 제도에 맞서서, 프랑스 혁명은 지배 계급에 대한 저항 그리고 새로운 경제 형태를 실현하기 위해 산업 혁명이 일어났다. 이들은 모두 그들의 잘못을 바로잡기 위해, 폭력에 의존하도록 강요된 집단 간의 엄청난 갈등을 해결하려고 시도한 예이다. 그러나 아이에 대한 사회적 의식의 문제는 어느 한 계급이나 인종, 또는 국가에 관한 문제와는 다르다. 아직 사회적으로 기능하지 못한다는 이유로 아이는 단지 어른의 부속물로 여겨지는 존재이다. 인류의 한 부분을 다른 부분에게 유리하도록 억압하는 사람들은 사회적 통합을 파괴하는 것이며 이러한 관점에서 본다면, 고통받고 억압받는 사람들 가운데 아이들이 있다."

아이는 사회적 관계에서 고통받고 억압받은 희생자이다. 스스로 말할 줄도 모르고 어른의 부속물 취급을 당하며 연민과 동정심으로 특별한 사랑을 필요로 하는 나약한 존재이다.

"아이는 마치 재산의 일부처럼 자신을 소유한 어른의 복제품처럼 취급된다. 어떤 노예도 부모와 자식만큼 주인에게 예속되지는 않았다. 어떤 하인도 부모와 자식만큼 무한한 복종을 강요하지는 않는다. 어느 인간의 권리도 아이의 경우처럼 무시된 적은 없었다. 아이처럼 맹목적으로 명령을 따라야 하는 노동자는 없었다. 적어도 노동자는 휴식시간을 가질 수 있고 사적 휴식을 위한 장소를 가지고 있다. 엄격하고 자의적인 규칙에 따라 몇 시간씩 일하고 몇 시간의 놀이를 강요하는 어른에게 복종해야 하는 아이처럼 삶을 살아야 하는 사람은 아무도 없다."

사실상, 이제까지 아이는 사회적으로 독립된 실체로서 존재한 적이 없었다. 항상 가정은 부모가 주인처럼 요리를 하고, 청소를 하고 일을 하며, 부모 자신의 능력에 따라 아이들을 통제하며 그들이 관리하는 편안한 집에서 아이들이 그저 손님처럼 있어 주기를 바래 왔다. 아이는 단지 먹여주고 입혀주고 씻겨 주는 보살핌의 대상으로만 여겨져 왔다. 이러한 현상을 개탄한 Dr. 몬테소리는 다음과 같이 강조한다.

"아이는 어른과는 다른 독립된 인격이라는 생각은 누구도 상상하지 않는 것 같다. 거의 모든 도덕적이고 철학적인 사상은 어른을 향해 있고, 어린 시절 그 자체의 중요성과 의미에 대해서는 진지하게 논의된 적이 없다. 삶의 가장 높은 목적을 달성하기 위해 충족시켜야 할 요구가 서로 다른, 별개의 독립체로서 아이는 결코 배려되지 않았다. 지금까지 아이는 어른의 도움을 받으며, 결코 어른의 통제를 받지 않고는 인간으로 존재할 수 없는 약한 존재로 생각되었다. 어른에 의해 만들어진 어른 중심의 환경에서 사는 아이는 신체적, 정신적으로 아이에게는 부적합한 세상에 살고 있다. 이런 환경 속에서 아이는 어른의 의지가 아이의 의지를 대신하며 무의식적으로 어른에 의해 억압당해왔다."

어른들은 그렇게 함으로써 아이를 사회적으로 적응시키고 있다고 생각하지만 이것은 Dr. 몬테소리가 본 스스로 성장하고자 하는 아이들의 자발성에 기초한 자연적 본성과는 역행하는 태도이다. 어른의 관리하에 진행되는 거의 모든 교육활동은 어른의 직접적 개입의 형태로 유지된다. 이러한 적응은 아이로 하여금 아이의 인격을 부정하는 무조건적인 복종에 바탕을 두고 있다.

"이런 어른의 태도는 대부분의 가족 속에 깊이 뿌리박고 있어서 모든 아이에게 적용된다. 게다가, 학교에서 더 심해진다. 이것은 환경에 대한 직접적이고 성급한 적응을 강요하는 학교에서 더욱 강화된다. 사실, 학교에서는 규격화된 수업과 강요된 규율이 어린 시절의 무한하고 예민한 감각을 서서히 타성에 젖고 제한된 학습 형태로 고착하게 만든다. 종종 가족과 학교 사이의 협정은 약자인 아이에 대항하는 강한 사람들의 동맹으로, 이 작고 소심하고 불명확한 목소리를 내는 아이들에게 결코 지지자를 찾지 못하게 한다."

자신들을 지지하는 소리를 듣고 싶어 하지만 막강한 어른들에 의해 통제된 생활에 익숙한 아이들은 종종 몸과 마음이 위축된다. 이러한 억압된 영혼인 아이들에게 제일 먼저 해야 할 일은 무엇일까? Dr. 몬테소리는 다음을 강조한다.

"아이에 대한 좀 더 확실한 접근은 아이의 인격 형성에 부정적 영향을 미치는 억압적인 접근과는 다른, 아이가 직접 다가갈 수 있는 환경을 조성하는 것이다. 어떤 교육 제도를 실행하든 그 출발은 어른 세계에서 아이를 위협하는 힘들고 위험한 장애물로부터 아이를 보호하는 환경을 조성하는 것이 시작이다. 폭풍 속의 섬터, 사막의 오아시스, 영적 안식처와 같은 것이 세상에 확실하게 만들어져야 아이의 건강한 발달을 보장할 수 있다."

[사진 1]
"토끼에게 손을 뻗는 이 작은 손은,
세상을 향한 배움의 손이다."
"This small hand reaching out to the rabbit
is a hand reaching toward learning about the world."

　아이는 무엇인가? 아이는 마치 재산의 일부처럼 자신을 소유한 어른의 복제품처럼 취급된다. 어떤 노예도 부모와 자식만큼 주인에게 예속되지는 않았다. 어떤 하인도 부모와 자식만큼 무한한 복종을 강요하지는 않는다. 어느 인간의 권리도 아이의 경우처럼 무시된 적은 없었다. 아이가 해야 하는 것처럼 맹목적으로 명령을 따라야 하는 노동자는 없었다. 적어도 노동자는 휴식시간을 가질 수 있고 사적 휴식을 위한 장소를 가지고 있다. 엄격하고 자의적인 규칙에 따라 몇 시간씩 일하고 몇 시간의 놀이를 강요하는 어른에게 복종해야 하는 아이처럼 삶을 살아야 하는 사람은 아무도 없다.

- 마리아 몬테소리

**[사진 2]**
"아이에게 진짜 일을 맡기면, 아이는 진짜 사람이 된다."
"When entrusted with real tasks,
the child becomes a real person."

이 아이들은 그들을 기쁘게 해줄 것 같은 장난감과 같은 물건에 결코 매력을 느끼지 못했으며 비현실적인 동화와 같은 이야기에도 관심이 없었다. 그 대신, 아이들은 자유롭게 모든 것을 스스로 하려고 노력했고, 도움이 필요하지 않는 한 절대적으로 도움을 받지 않으려는 욕구를 분명히 드러냈다. 아이들은 놀라운 수준의 평온함을 유지하면서 그들의 일에 깊은 관심과 집중 그리고 차분함을 유지하였다.

– 마리아 몬테소리

[사진 3]
"누가 가르쳐주지 않아도,
아이의 내면은 스스로 배움의 길을 찾아간다."
"Even without being taught, the child's inner self
finds its own path to learning."

  아이는 어른과는 다른 독립된 인격이라는 생각은 누구도 상상하지 않는 것 같다. 거의 모든 도덕적이고 철학적인 사상은 어른을 향해 있고, 어린 시절 그 자체의 중요성과 의미에 대해서는 진지하게 논의된 적이 없다. 삶의 가장 높은 목적을 달성하기 위해 충족시켜야 할 요구가 서로 다른, 별개의 독립체로서 아이는 결코 배려되지 않았다. 지금까지 아이는 어른의 도움을 받으며, 결코 어른의 통제를 받지 않고는 인간으로 존재할 수 없는 약한 존재로 생각되었다. 그러나 일하는 인간으로서, 고통받는 피해자로서, 최고의 동료로서 아이는 여전히 알려지지 않은 사람이다.

- 마리아 몬테소리

[사진 4]
"흙 위를 걷는 그 순간, 아이의 몸과 마음은
세상과 조화롭게 연결된다."
"As the child walks on the earth, their body and soul
harmoniously connect with the world."

어떤 교육 제도를 실행하든 그 출발은 어른 세계에서 아이를 위협하는 힘들고 위험한 장애물로부터 아이를 보호하는 환경을 조성하는 것에서부터 시작이다. 폭풍 속의 쉼터, 사막의 오아시스, 영적 안식처와 같은 것이 세상에 확실하게 만들어져야 아이의 건강한 발달을 보장할 수 있다.

- 미리아 몬테소리

## 제2장

### 아이를 아는 만큼 잘 도울 수 있다

　어린 시절 그 자체의 중요성과 의미에 대해 진지하게 논의하지 않는 현상은 우리 어른들이 이제까지 신생아를 다루어 왔던 태도에서도 발견할 수 있다. Dr. 몬테소리는 다음과 같이 언급한다.

　"인간이 점차 환경에 적응할 수 있는 수단으로 우리는 문명을 이해한다. 그렇다면, 신생아보다 더 갑작스럽고 급격한 환경 변화를 경험하는 사람은 누구일까? 게다가 탄생 과정에서 문자 그대로 한 존재에서 다른 존재로 넘어가는 엄청난 변화를 겪어야 하는 이 존재를 위해 우리의 문명은 어떤 준비를 해왔는가? 문명인의 역사에는 다른 모든 것보다 앞선 페이지가 있어야 한다. 신생아가 외부 환경에 적응하도록 돕기 위해 한 일은 기록되어야 한다. 하지만 그것은 없다. 아무도 새로운 생명의 위급함을 발견하려고 시도하지 않았기 때문에 생명의 역사의 첫 페이지는 아직 쓰여 지지 않았다. 더구나 지금껏 경험은 우리에게 끔찍한 진실을 보여주었다. 우리는 어린 유아기의 잘못된 것들을 몸에 지닌 채 남은 일생을 산다. 태아의 생명과 유아기에 겪은 많은 변화들은 인간의 건강과 미래에 결정적인 역할을 한다."

　아기가 태어나는 순간 산모와 아기 두 사람은 생사를 가르는 고통을 겪는다. 인간의 일생에서 가장 어렵고 힘든 순간은 탄생의 순간이다. 그리고 이것은 어머니에게는 위기의 순간이다. 이 위기는 어머니뿐 만 아니라 아기에게도 위기이다. 하지만 우리는 산모의 고통에 대해서 안타까워 하지만 누구도 아기의 고통에 대해서 이야기하지 않는다. 모두 산모의 고통에 집중한다.

　"신생아의 위기는 그때까지 자신을 위해 모든 것을 해 준 어머니와의 완전한 결별에 있다. 어머니로부터 분리되어 자신의 미숙한 능력에 맡겨진 아이는 즉시 자신의 주요한 기능에 의존해야 한다. 이 순간까지, 태아는 특별히 그를 위해 만들어진 어머니의 태내의 따뜻한 액체 속에서 평온하게 성장했고, 어떠한 불균형이나 온도 저하, 빛이나 작은 소리로부터 보호받았다. 그러나 태아는 태어날 때 공기 중에 살기 위해 이 집에서 쫓겨나야 한다. 신생아는 완벽한 안식처에서 최소한의 전환도 없이 피곤한 세상으로 밀려난다. 신생아의 몸은 마치 두 맷돌 사이를 지나간 듯 부서져, 먼 땅에서 여행한 순례자처럼 부상당한 채 우리에게 온다. 하지만 이런 아기를 받아들이기 위해 우리는 무엇을 해 왔는가? 모든 관심은 어머니에게 향해 있고 의사는 아이가 건강하게 살아 있다는 것을 확인하기 위해 간단한 검사를 한다. 그리고 어머니는 어두운 방에서 편안하게 쉬는 동안, 어머니와 똑같이 피곤한 아기에게는 어떤 배려를 하는가? 어두운 방에서 조용히 쉬며 새로운 환경에 조금씩 적응하도록 배려하는가? 아무도 새로 태어난 아이가 고통을 받을 것이라고 생각하지 않는다. 지금껏 다루어 본 적이 없는 작은 몸의 민감함이나 수많은 신체적 인상과 모든 낯선 손길에 대한 그의 느낌을 아무도 알아주지 않는다."

인간의 이러한 새 생명에 대한 태도는 동물들이 자신의 새끼를 돌보는 모습과 비교할 수 있다. Dr. 몬테소리는 동물들이 자신의 새끼를 돌보는 자연의 본성에서 교훈을 얻고자 하였다.

"동물을 관찰해보면, 어미가 자신의 새끼를 숨기고, 새끼가 일정 시간 동안 빛을 보지 못하게 하고, 몸의 온기로 새끼를 보호하는 것을 볼 수 있다. 어미는 빈틈없이 새끼들을 보호하고 절대로 다른 동물들이 가까이 오는 것을 허락하지 않으며, 그들이 새끼를 움직이게 하거나 지켜보는 것조차 허용하지 않는다."

그러나 문명인이라는 인간은 도리어 이러한 자연의 본성을 거스르는 태도를 보인다. 누구도 신생아에게는 자연의 본성과 같이 현실 적응의 어려움을 완화할 수 있는 대비를 하지 않는 것 같다. 아이는 단지 살아있으면 충분하고 아이가 살기 위한 힘을 잃지 않았다는 것만으로 만족한다. 그리고 우리가 다루기 쉬운 방식으로 아이를 다룬다. Dr. 몬테소리가 강조하듯 신생아는 출생 후에도 태아의 자세를 유지하도록 허용되어야 하지만, 신생아에게 즉시 옷이 입혀지고, 그의 연약한 팔다리가 무력에 의해 움직이지 못하도록 속싸개로 꽁꽁 싸매어지게 된다. 태내에서 자유롭게 움직이며 자신의 몸을 만지고 느껴왔던 두 팔은 속싸개 속에서 꼼짝도 하지 못하게 갇히게 된다. 심지어 손가락은 손 싸개로 덮어져 어떤 감각적 정보도 탐색하지 못하게 차단당한다. 왜 우리는 이러한 신생아의 고통을 덜어주어야 한다는 생각을 전혀 하지 못하고 있는가? Dr. 몬테소리는 다음과 같이 주장한다.

"우리 안에는 우리의 정신과 문명이 구축한 특이한 공허함, 맹목적인 무지가 있다. 마치 우리 눈 속 깊은 곳의 맹점과 같은 것, 이 맹점이 삶의 깊숙한 곳에 존재하고 있다. 우리는 신생아의 상태를 완전히 이해해야 한다. 그래야만 아이의 인생의 출발이 순조롭게 시작될 수 있기 때문이다. 신생아는 풍부한 지식을 바탕으로 한 보살핌의 대상이 되어야 한다. 아이를 안을 때도 최대한의 온화함이 필요하며 가장 부드러운 자세로 조심스럽게 움직여야 한다. 우리는 아이가 탄생의 첫 순간, 아니 첫 달에도 매우 조용한 환경에 있어야 한다는 것을 이해해야 한다. 아이에게 겹겹이 옷을 입히거나 속싸개로 싸매지 않고, 방 자체의 공기로만 따뜻하게 놔둬야 한다. 왜냐하면 아이는 온도 변화에 대응할 수 없고 의복도 거의 도움이 되지 않기 때문이다."

하지만 Dr. 몬테소리는 이러한 주장이 사람들을 쉽게 설득할 것이라고 믿지 않았다. 왜냐하면 아이를 돌보는 방식은 그들의 문화 속에서 오랜 전통으로 대대로 물려오는 그들 만의 관습이 있기 때문이다. 그럼에도 불구하고 이러한 주장을 하는 것은 신생아를 인간 존엄 그 자체로 독립된 인격체로 대우해야 하는 우리들의 의식의 전환이 절실히 필요하기 때문이다.

"우리가 완벽하고 완전하기 위해서 그것을 얻으려고 할 수 있는 최선을 다한다는 게 사실이라면 전에 보지 못한 것이라고 해서 보지 않고 전에 하지 않은 일이라고 해서 할 수 없다고 한다면, 무엇이 인간의 발달을 위한 노력인가?"

 Dr. 몬테소리는 신생아에 대한 이러한 어른들의 태도는 근본적으로 아이에 대한 무지에서 발생한다고 판단한다. 아이는 어디에서도 제대로 이해되지 않고 있다. 이와 같은 아이에 대한 무지는 결국 어른들이 무의식적으로 느끼는 아이에 대한 어려움과 불안감으로 나타나게 된다. 이것이 불필요하게 어른들이 아이에게 방어적이 되도록 만든다. 어른들은 아이로 인해 이제까지 구축한 자신들의 일상과 삶의 질서가 파괴되고, 아이가 만지면 집안은 엉망이 될 것이라는 두려움에 사로잡혀 있다.

 그렇다면 어떻게 아이에 대한 불안감과 두려움을 떨칠 수 있을까? 그것은 무엇보다 아이를 이해하도록 노력하는 것이다. Dr. 몬테소리는 아이를 이해하기 위해서는 아이에 대한 풍부한 지식이 필요하다고 강조한다. 그러한 지식을 바탕으로 현재의 아이를 관찰하고, 아이에 맞는 환경을 제공해야 한다. 아이가 집에 있을 때 가정환경에 접근하지 못하도록 방어벽을 치는 것이 아니라 깨지기 쉬운 물건은 파손되지 않게 미리 치워 두고, 아이가 만져도 되는 물건들은 아이가 다가가서 탐색할 수 있도록 가정에서 접근 가능한 자유를 주어야 한다. 아이가 할 수 있는 집안일을 함께 공유하며 자신의 고집에 집착하지 않도록 이끌어 주어야 한다. 어릴 때부터 어른의 지시와 통제에 의해서만 행동하는 것이 아니라 스스로의 판단으로 행동할 수 있는 자유로운 환경을 제공해 주어야 한다.

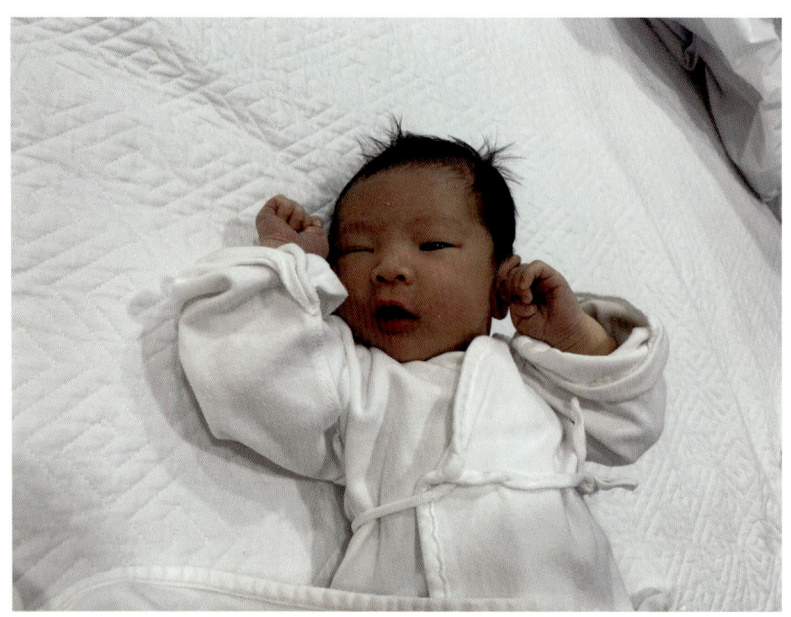

[사진 5]
"눈을 뜨는 그 순간,
아이의 삶은 이미 자기만의 리듬으로 시작된다."
"From the moment their eyes open,
the child's life begins with its own unique rhythm."

    태아는 태어날 때 공기 중에 살기 위해 이 집에서 쫓겨나야 한다. 신생아는 완벽한 안식처에서 최소한의 전환도 없이 지친 세상으로 밀려난다. 신생아의 몸은 마치 두 맷돌 사이를 지나간 듯 부서져, 먼 땅에서 여행한 순례자처럼 부상당한 채 우리에게 온다. 하지만 이런 아기를 받아들이기 위해 우리는 무엇을 해 왔는가? 모든 관심은 어머니에게 향해 있고 의사는 아이가 건강하게 살아 있다는 것을 확인하기 위해 간단한 검사를 한다.

- 마리아 몬테소리

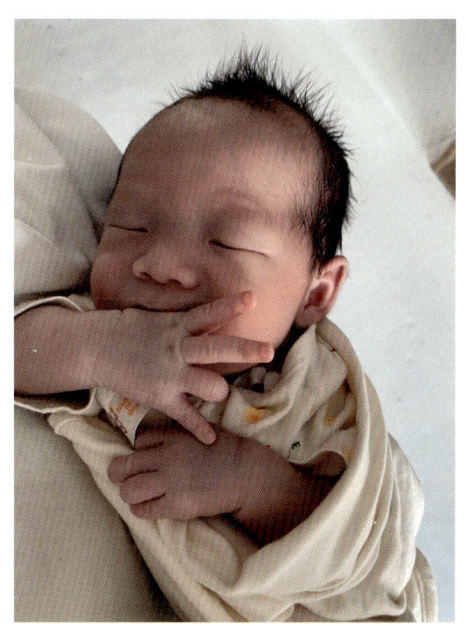

[사진 6]
"아기는 태어나는 순간부터 존엄한 존재로
대우받아야 한다. 얇은 옷, 포대기 없는 자유로운 움직임,
따뜻한 공기 속에서의 보호는 그 시작이다."
"From birth, the baby must be treated with dignity.
Thin clothing, freedom of movement without swaddling,
and protection within warm air are the start."

신생아는 지식이 풍부한 보살핌의 대상이 되어야 한다. 아이를 안을 때도 최대한의 온화함이 필요하며 가장 부드러운 자세로 조심스럽게 움직여야 한다. 우리는 아이가 탄생의 첫 순간, 아니 첫 달에도 매우 조용한 환경에 있어야 한다는 것을 이해해야 한다. 아기에게 겹겹이 옷을 입히거나 포대기로 싸매지 않고, 따뜻한 방안의 공기로만 지낼 수 있도록 벗겨 두어야 한다. 왜냐하면 아기는 온도 변화에 저항할 수 있는 몸의 열이 거의 없고, 의복도 거의 도움이 되지 않기 때문이다.

- 마리아 몬테소리

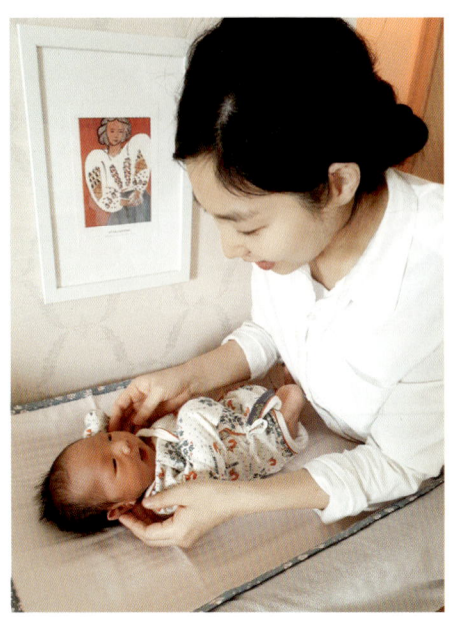

[사진 7]
"엄마의 손길은 아기를 위한 첫 번째 환경이며,
사랑과 보호의 본능이 실현되는 공간이다."
"A mother's touch is the child's first environment—
where love and protection are instinctively realized."

 동물을 관찰해보면, 어미가 자신의 새끼를 숨기고, 새끼가 일정 시간 동안 빛을 보지 못하게 하고, 몸의 온기로 새끼를 보호하는 것을 볼 수 있다. 어미는 빈틈없이 새끼를 보호하고 절대로 다른 동물들이 가까이 오는 것을 허락하지 않으며, 그들이 새끼를 움직이게 하거나 지켜보는 것조차 허용하지 않는다.

- 마리아 몬테소리

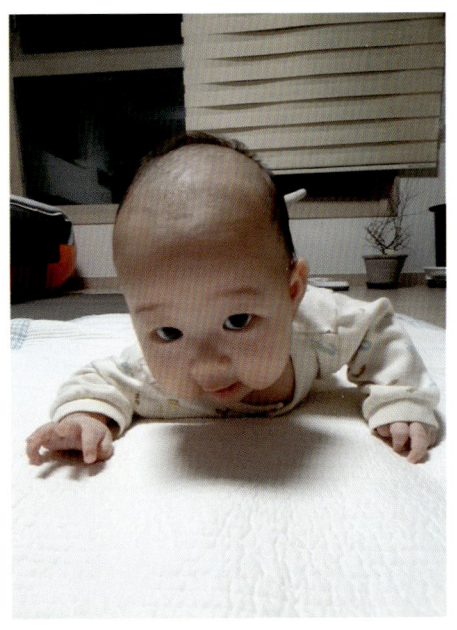

[사진 8]
"아직은 말은 할 수 없지만,
아기는 이미 자신만의 방식으로 세상을 이해하고 있다."
"Though the baby cannot yet speak, they are already
understanding the world in their own way."

    사실 아이는 어디에서도 제대로 이해되지 않고 있다. 이와 같은 아이에 대한 무지는 아이가 세상에 태어났을 때부터 무의식적으로 느끼는 어려움과 불안함이 우리에게 나타나게 되며, 필요도 없는 우리 소유물에 대한 본능적 방어를 하게 된다. 어른들의 태도는 이 시작부터 필연적으로 발달하며. 아이가 우리 삶의 질서를 파괴하거나 집을 더럽힐 것이라는 두려움에 사로집혀 있다. 그러나 집에 아이기 있을 때 어른들은 깨지기 쉬운 물건은 파손되지 않게 미리 치워 두고, 심지어는 마음의 평화를 구하기 위해 집에서 벗어나 밖으로 나가 산책을 하며, 아이가 자신의 고집에 집착하지 않도록 이끌어 준다면 아이는 어른의 명령만 따르는 종이 되는 것이 아니라 마침내 잘 자란 아이로 성장한다.

- 마리아 몬테소리

## 제3장

## 질서는 아이의
## 내면을 안정시킨다

 아이는 발달 초기에 어떤 능력을 얻기 위해 주변의 특정 요소를 파악하는 **특별히 예민한 감수성의 시기**가 있다. 그 감수성이 너무나 강렬하기 때문에 아이는 그 행위에 몰두하게 된다. 이러한 예민한 감수성이 나타나기 때문에 **아이는 쉽게 힘들이지 않고 그 능력을 획득할 수 있다.** 이러한 감수성은 규칙적으로 일정하게 나타나지는 않기 때문에 아이의 성장 또한 서서히 완성되는 것이 아니라 **어느 특정한 시기**에 급진적, 폭발적으로 완성된다. 이 시기를 우리는 민감기라고 부른다. 민감기에는 인간이나 동물의 발달 과정에서 특정 능력이나 기술을 발달시킬 수 있는 **준비가 가장 잘 이루어져 있는 시기**이다. 이 **시기에 적절한 환경이 주어 지면** 아이는 최적의 **성장을 기대할 수 있다**. 이 시기를 놓치면 동일한 환경 자극이나 조건이 제공되더라도 최적의 발달 효과를 기대하기 어렵다.
 이러한 특정 요소 중 하나가 질서감이다. 아이들은 질서에 대해 특히 예민해지는 질서의 민감기가 있다. 이것은 생후 6개월에서 2년 6개월사이가 가장 민감하다. 아이는 질서에 강하게 집착하는 반응과 행동을 보인다. 놀 때 놀이감을 일렬로 세우거나 안정적인 가정환경이라면 환경을 일정한 패턴을 유지하려고 고집한다. 항상 같은 순서, 같은 장소, 같은 방법처럼 순서와 장소, 방법을 늘 똑같이 하려고 하거나 똑 같은 것을 좋아한다. 이 시기는 공간이나 물건의 질서에 강한 반응을 나타내며 **모든 물건이 제자리에** 익숙한 장소에 있어야 한다. 약간의 변화는 어른들에게는 대수롭지 않은 일이지만 아이들은 지나치지 못하고 불안해 한다.
 "아주 작은 아이라도 물건이 본래 있었던 곳에 되돌려 놓는 욕구가 있다는 것을 우리 학교에서 보았다. 예를 들어, 어떤 아이가 바닥에 흩어져 있는 모래를 쳐다보며 서 있었다. 그의 어머니는 모래를 보고는 빗자루로 쓸어버렸다. 순간 아이는 놀라서 울음을 터뜨리고 모래를 모아서 원래 위치로 되돌려 놓았다. 그 후 그의 어머니는 아이가 왜 울음을 터뜨렸는지 이유를 이해했지만 그것이 단지 장난을 치는 것이라고 생각했다.

어느 날 또 다른 아이의 어머니는 날씨가 따뜻함을 느꼈고 코트를 벗어서 팔에 걸쳤다. 아이는 울기 시작했고, 어머니가 코트를 다시 입을 때까지 아이가 진정하지 않는 이유를 아무도 이해할 수 없었다. 다시 한 번 이야기하지만, 아이를 방해했던 것은 낯선 위치에 있는 물건을 보는 것이 었다."

아이가 질서에 집착하는 것은 자신을 둘러싼 사물 간의 관계를 이해하는 내부 감각을 정돈하기 위해서이다. 이 내부 감각이 형성될 때 아이는 주위 환경을 정돈된 것으로 인식하고, 그 안에서의 자신의 위치를 확인하고 안심할 수 있다. 이것은 아이가 움직일 때나 거리, 공간 등 자신과 타인에 대한 이해를 명확하게 하기 위해서 모든 측면에서 필요하다. 즉 아이의 머릿속에는 자신이 생활하는 공간의 이미지가 구체적으로 그려져 있기 때문에 그 일부가 변하면 강하게 저항하거나 불안을 느끼는 것이다. 질서감이 충족되면 아이의 생활은 안정되며 정신적인 질서도 형성된다. 아이들은 주변 환경을 조직적으로 인식할 수 없다. 따라서 급격히게 환경을 바꾸는 것은 아이가 불안정하게 느끼며, 아이가 그의 일상 생활에서 이미 형성된 질서에 침해를 받으면, 울거나, 짜증을 부리거나, 몸부림 치면서 일탈을 나타낼 것이다.

"이것을 달성하기 위해 우리는 아이를 이해해야 함에도 불구하고, 단순히 아이를 이해하지 못하여 심각한 오류를 범하고 전혀 변덕스럽지 않은 아이의 행동을 변덕스러운 것으로 평가한다. 예를 들어, 첫 해, 특히 두 살 때 아이는 항상 익숙한 장소에서 물건을 찾고 싶어하고, 습관적인 목적으로 사용하고 싶어하는 긍정적인 욕구가 있다. 누군가 이 익숙한 질서를 어기면 아이는 매우 불안해한다. 아이는 좌절감을 느끼고 물건을 제자리에 돌려 놓음으로써 자신을 방어한다."

 우리는 2세가 되어서 자기 고집이 강해지고 "아니야, 싫어!"라는 말을 입에 달고 다니는 아이를 많이 보게 된다. 이것은 어쩌면 어릴 때부터 질서에 예민한 아이를 존중하고 지원해야 했지만 그렇지 못한 환경에서 성장하게 만들어 결국 질서가 부족한 아이로 자라게 만든 결과일 수 있다.

 "어른은 그러한 경우에 아이를 혼내 주면 아이의 결점이 고쳐질 것이라고 생각한다. 그러나 아이가 어른이 되었을 때 더 이상 나타나지 않을 결점을 바로잡는 것은 쓸모가 없다. 아이가 성장했을 때 엄마가 외투를 벗는다고 울지는 않는다. 아이들이 스스로 하는 행동을 이해하지 못하면서 도리어 어른들은 아이들의 행동을 잘못된 행동으로 생각한다. 적어도 우리는 그러한 "결점"이 마침내 사라지고 걱정할 가치가 없다는 것을 알아야 한다. 우리가 아이에 대한 이러한 접근 방식을 받아들이기 시작하면, 우리는 많은 것을 이해하고, 언젠가는 복잡하고 이성적인 어른이 되면 하지 않게 될 아주 사소한 잘못을 지닌 아이를 사랑하기 시작하게 된다.

 한 가지 더 예를 들어 보겠다. 나는 보모가 항상 같은 욕조에서 같은 방법으로 아이를 목욕시키는 두 살 된 아이에 대해 알고 있었다. 보모가 일정 기간 자리를 비워야 했을 때, 다른 보모가 목욕을 대신했다. 아이는 새로운 보모가 자신을 목욕시키려고 할 때마다 울었고, 새 보모는 그 이유를 알 수 없었다. 예전 보모가 돌아왔을 때, 아이에게 물었다. "왜 그렇게 울었니? 새로 온 사람이 싫었니?" 아이가 대답했다. "아니요, 나를 거꾸로 씻겨 주었기 때문이예요." 예전 보모는 머리부터, 그러나 새로운 보모는 발부터 씻겨 주었기 때문이다. 아이의 질서에 대한 욕구는 아이의 삶의 일부였고, 아이는 그가 할 수 있는 한 최선을 다해 그것을 유지하려고 했다. 하지만 자신의 질서를 지키고자 한 아이들의 행동을, 어른들은 종종 아이의 "잘못된 행동"이라고 불렀다."

[사진 9] 0~1세 아이에게 필요한 환경
"부드럽게 움직이는 모빌과 자연 소재의 놀이감은
감각을 깨우는 첫걸음이다."
"Gently moving mobiles and toys made of natural
materials awaken the senses in early steps."

　누워있는 아이를 위해서 시각적인 자극이 필요하다. 아이가 사물에 초점을 맞추고, 움직임에 따라 눈으로 추적할 수 있는 모빌이 적당하다. 그 거리가 엄마와 아기가 안았을 때의 거리인 30cm 전후이고, 처음에는 색에 대한 구체적인 인식을 하지 못하므로, 흰색과 검은색의 강한 대조의 모빌을 준비해준다. 차차 3원색의 입체 모형의 모빌을 제공하고 3개월 정도되어 높고 낮은 거리감을 느낄 수 있는 고비 모빌을 제공한다. 모빌의 움직임은 아이의 시선이 따라갈 수 있도록 가벼운 재질로 천천히 움직여야 하며, 모양은 현실에 존재하는 실제 사물들의 정보를 느낄 수 있는 단순한 형태가 적당하다.

[사진 10] 0~1세 아이에게 필요한 질서 있는 환경
"고개를 들며 세상을 바라보며
아기는 점차 더 먼 세상을 향해 시선을 넓혀간다."
"As the baby lifts their head and looks at the world, their gaze gradually expands farther outward."

생후 2개월 정도에 아이는 눈과 목이 수초화 되어 목을 잘 통제하는 시기가 온다. 하지만 연습이 필요하다. 그래서 아이가 엎드려 있는 시간인 터미 타임을 많이 갖게 한다. 엎드린 아이는 상체 근육이 발달되고, 시각 거리가 더 멀어지고, 더 멀리 사물을 추적할 수 있다. 이 때부터 아이는 또한 손을 자신의 입으로 가지고 가기 시작한다. 만약 아이 손에 손싸개를 끼워 두면 아이는 움직일 수 없다고 느끼기 때문에 주변 탐색을 주저한다.

[사진 11] 0~1세 아이에게 필요한 환경
"거울 속 나를 바라보며 아기는 자신의 몸을 인식하고 주변 세계를 탐색하기 시작한다."
"Looking into the mirror, the baby begins to recognize their body and explore their surroundings."

충분한 공간이 주어진다면, 신생아조차도 서서히 이동할 수 있다. 아이는 움직일 수 있는 능력의 인간이다. 아이가 자유롭게 움직일 수 있는 환경을 준비한다. 이 공간에는 거울이 있는데, 아이는 거울을 보고 집중할 수 있다. 거울 속에 반사되는 자신의 움직임을 보고 아이는 몸에 대한 신체 이미지를 형성한다. 또한 거울을 통해 주변 환경이 확장되어 아이의 시각발달에 도움을 준다.

[사진 12] 0~1세 아이에게 필요한 환경
"움직임은 삶의 표현이다.
바닥에서의 자유는 아이의 자발적인 발달을 이끈다."
"Movement is an expression of life. Freedom on the floor
leads the child's spontaneous development."

    아이는 8개월이 되면 기어 다니기를 시작한다. 두 손과 두 발을 이용하여 엎드리는 자세를 취하며 앞으로 혹은 뒤로 이동을 한다. 아이의 내면의 계획대로 자연이 발달시킨 신체 기관은 반드시 사용되어야 한다고 명령하고 있다. 이 시기에 아이 스스로 바닥에서 자유롭게 마음껏 몸을 움직이지 않고 많은 시간을 보행기나 유모차, 쏘서 등과 같은 용기에서 보낸다면 아이의 발달은 지체될 수 있다. Dr.몬테소리는 교육의 첫번째 과제가 아이가 자연으로부터 받은 기능들을 발달시키도록 허용하는 것이고 또한 도움을 줄 환경을 조성하는 것이다라고 하였다. 이것은 단순히 아이를 즐겁게 해주는 문제가 아니라 아이의 자연적 발달의 본성에 협력하는 문제이다.

## 제4장
### 아이는 이미 생각하는 존재이다

　탄생 후 아이의 모습은 무력하다. 아이는 오랫동안 움직이지 못하는 상태로 태어나, 스스로 어떤 일도 할 수 없는 병자나 마비 환자처럼 보살핌을 필요로 한다. 신생아는 한동안 울거나 고통의 비명을 지르는 것 외에는 자신의 목소리를 낼 수 없다. 울음을 통해서만 아기에게 도움을 줄 수 있는 사람을 달려오게 할 수 있다. 반면에 다른 동물의 새끼는 출생 직후 또는 적어도 아주 짧은 시간 후에 스스로를 유지하고 걸을 수 있다. 심지어 어미의 뒤를 밟고 아무리 약하거나 불완전하더라도 이 종의 방식으로 의사 소통할 수 있다.

　"새끼 고양이는 실제로 야옹거릴 수 있다. 어린 양들은 작은 소리로 울부짖을 수 있고, 망아지도 약한 목소리를 낼 수 있고, 세상은 끊임없이 새로 태어난 동물들의 소리로 울려 퍼진다. 이들의 준비 기간은 빠르고 쉽다. 이 생명체들은 이미 본능으로 살아나고 본능에 따라 행동을 결정할 것이다. 예를 들어, 출생 직후 민첩한 행동은 고양잇과인 호랑이 새끼를 통해 뚜렷이 보인다. 그 장난꾸러기 새끼는 태어난 순간부터 일어서고 있다."

　무기력한 인간의 아이와 생존의 본능을 위해 바삐 움직이는 동물의 새끼의 이러한 극명한 차이는 무엇을 시사하는 것일까? 왜 인간의 아이는 인간으로 구체화되기 위해 이렇게 긴 성장의 시간이 필요한 것일까?

　"아이는 단순히 먹이를 주는 작은 생명체가 아니라, 태어날 때부터 정신을 가진 생명체이다. 만약 우리가 그의 복지와 안녕을 돌봐야 한다면, 육체적 욕구가 만족하는 것으로는 충분하지 않다. 우리는 아이의 정신적 발달을 위한 길을 열어야만 한다. 우리는 탄생의 첫 날부터 아이의 정신의 충동을 존중하고 정신을 어떻게 지지해야 하는지 알아야 한다."

　Dr.몬테소리는 인간의 아이와 동물의 새끼의 생존의 본능을 비교하면서 재미

있는 비유를 들었다.

"무한하지만 탄생 시 무기력한 인간의 이 모든 명백한 모순 가운데 어딘가에 숨겨진 진실이 있어야 한다. 사람이 만든 상품과 생산이라는 개념을 바탕으로 비유를 하나 들겠다. 어떤 물건은 프레스 또는 기계로 빠르게 대량 생산되며 정확히 동일하다. 또 어떤 물건들은 손으로 천천히 만들어지기 때문에 물건들 각각은 서로 다르다. 수공예품의 가치는 각각이 그것을 만든 예술가의 개별적인 정신이 새겨져 있다. 이 비유는 인간과 동물 사이의 정신적 차이를 어느 정도 표현하는데, 동물은 각 개인이 종의 고정되고 균일한 특성을 재생산하는 대량 생산된 물건과 같다. 그러나 인간은 "손으로 일하는" 사람이며, 마치 자연적인 예술 작품인 것처럼 자신만의 독특한 창조 정신을 가지고 있고 개인마다 다르다. 더욱 이 작업은 느리고 긴 시간이 필요하다. 외적인 특징이 나타나기 전에 고정된 유형의 재생산이 아니라, 새로운 유형의 동적 생성인 내부적 발달이 있어야 한다. 내면의 삶은 예측할 수 없는 결과를 낳는 수수께끼이다. 인간의 발달은 항상 길고 긴 내부의 과정으로, 마치 예술가가 대중에게 공개하기 전에 그의 스튜디오의 친밀함에 은둔하면서 수정하고 보완하고 변형하는 예술 작품을 만드는 것과 같다."

"아이들의 육체적, 정신적 성장 현상은 인간의 구체화incarnation의 과정으로 볼 수 있다. 즉, 성장은 본질적으로 에너지의 한 형태가 신생아의 무력한 신체를 움직이고 신생아의 팔다리와 언어 능력을 사용할 수 있게 행동하고, 자신의 의지를 표현할 수 있는 능력을 부여하는 신비한 과정이다."

그렇다면 이러한 아이들의 성장 현상은 누구에 의해서 펼쳐 지는 것인가? 부모의 개입으로 이루어진 것인가? 아니면 아이 자신의 힘으로 이룩한 것인가? 대부분의 부모는 아이는 어른이 키우는 것이라고 생각한다. 어른들이 바른 길을 알려주고 지식을 가르치며 어른들이 제시하는 것을 아이가 배워서 성장하는 것이며 이 모든 과정이 어른의 개입 없이 이루어 진다고 생각하지 않는다. 그러나 Dr. 몬테소리는 아이의 몸은 아이 자신의 것이듯 성장 과정 또한 아이 자신의 활기찬 생명력으로 만든다고 강조한다.

"인간의 인격이 형성되는 과정은 구체화의 숨겨진 작업이다. 초기의 무력한 아기는 수수께끼이다. 우리가 아는 유일한 것은 아이가 무엇이든 될 수 있다는 것이지만, 아무도 아이가 무엇이 될 것인지 무엇을 할 것인지 알지 못한다. 아이의 무력한 몸에는 살아 있는 생물체 중 가장 복잡한 메커니즘이 들어 있지만, 그것은 분명히 그 자신의 것이다. 인간은 자신의 것이며, 그의 특별한 의지는 구체화의 일을 더욱 발달시킨다. 음악가, 가수, 예술가, 운동선수, 폭군, 영웅, 범죄자, 성인 등 모두 같은 방식으로 태어났지만, 그의 내면 세계는 그의 독특한 활동에 동기를 부여하는 자신만의 특별한 발달의 수수께끼가 담겨 있다……지금까지 아이의 몸이 수동적일 뿐 만 아니라 자아가 활기가 없고 생명이 없다고 가정한 사람들은 잘못 생각한 것이다. 아이에게서 늦었지만 놀라운 발달을 직면했을 때, 그와 같은 발달이 오로지 자신들의 보살핌과 양육을 통해 이루어졌다고 생각하는 어른들 또한 똑같은 오류에 빠진다. 그러한 가정은 어른들에게 의무감과 책임감을 발생시킨다. 즉 부모는 자신을 문자 그대로 아이와 그의 내면의 삶을 움직이는 원동력이라고 본다. 그래서 부모는 마치 자신의 창조적인 작품을 만들 때처럼 아이에게 행동하며 그들의 지능, 민감성, 의지를 발달시키기 위해 지시와 통제를 한다. 부모는 궁극적으로 거의 신적인 힘을 자신에게 돌리며, "신은 자신의 이미지와 닮은 모습으로 인간을 창조했다"라는 창세기에 나오는 것과 같이 아이의 삶에서 큰 역할을 차지하고 있다고 믿는다."

아이는 전적으로 어른의 통제를 받아야 한다고 굳게 믿는 부모 밑에 자라는 아이들은 불행하다. Dr. 몬테소리는 항상 아이를 믿지 못해 개입하려는 어른들과 함께 자라는 아이들이 왜 쉽게 포기하고 좌절하게 되었는지를 다음과 같이 설명한다.

"교만은 인간의 최악의 죄이며, 스스로를 신적인 지위로 올리려 하는 것은 자신의 아이들에게 큰 고통의 원인이 된다. 사실 아이는 자기 안에 담겨 진 자아의 열쇠를 가지고 있고, 또한 발달 방향과 정신적으로 타고난 재능을 보이지만, 이것을 외부에 표현하려는 아이의 시도는 처음에는 머뭇거리고 주저하는 경향이 있다. 이 시점에 어른들이 자신의 힘을 발휘하고자 하는 권력에 대한 환상으로 개입을 한다면, 아이들의 노력은 포기되고 내적 깨달음은 좌절하게 된다. 이것이 사실상, 탄생할 때 정해진 아이의 인간에 대한 설계를 부정하게 되는 것이다. 아마도 이것이 대대로 인간의 구체화 정신이 기형적으로 변하게 된 일일 것이다."

진정으로 우리가 명심할 것은 아이가 정신적인 존재라는 것이다. 진짜 중요한 것은 아이가 정신적인 삶을 살고 있다는 사실이다. 오랜 시간 동안 내부적으로 고

군분투해야 하기 때문에 아이가 그것을 표현하지 못할 때조차 그 아이가 정신적인 삶을 가지고 있다는 사실에 있다. 하지만 아이는 신체적 정신적으로 아직 미숙하다. 어머니 태내에서 모든 신체적 성장을 이룩하기 위해 10개월의 특별한 성장 기간이 필요하듯, 정신적인 존재인 아이는 정신적 기관이 형성하기 위해 태어나서 2~3년의 절대적인 시간이 필요하다.

"아이는 환경 속에서 스스로 살기 위해 생존해야 할 정신적 태아 a spiritual embryo이다. 육체적 태아와 마찬가지로 정신적 태아는 모든 것이 수용되고, 결코 억제되지 않는 사랑의 따뜻함과 가치의 풍요로움에 의해 생기를 느끼는 외부 환경에 의해 보호되어야 한다. 일단 이것을 이해한다면 어른들은 아이에 대한 태도를 바꿔야 한다. 정신적 태아로서의 아이의 존재를 이해하고 어른들은 새로운 책임을 느껴야 한다."

하지만 지금까지 우리는 이 어린 아이를 어떤 자세로 대해 왔을까? 우리는 갓 태어난 아이를 정신적 존재로 생각해 본 적이 있을까? 너무나 부드럽고 여리고 작은 존재인 아이는 지금껏 그저 어른들의 사랑이 필요한 보살핌의 대상일 뿐이지 생각하고 집중하고 노력하는 인간으로 여겨지지 않았다.

Dr. 몬테소리는 아이를 정신적인 존재로 인간으로 존중 받아야 함을 강조한다. 따라서 어른들은 아이의 정신적 발달을 위한 길을 열어야 한다.

"아이에 대해서 우리는 경외심을 가져야 한다. 구체화는 큰 내면의 어려움을 겪으며 찾아온다. 이러한 창조적인 과정은 아직 발표되지 않은 드라마가 펼쳐지는 것과 같이 그것을 움직이고 훈련시키기 위해서는 궁극적으로 자신의 수동적인 육체를 통제해야 한다. 미숙하고 연약한 생명이 의식에 꽃을 피우며 감각들을 환경과 접촉시키는 순간, 깨달음의 끊임없는 노력 속에서 근육은 활성화된다. 아이의 이러한 내면의 노력은 신성시되어야 한다. 끊임없이 성장하려고 노력하고 반복하는 이 힘든 과정에 대해 우리는 아이를 공감하고 지지해야 한다. 왜냐하면 이 창조적인 시기에 그 아이의 미래의 인격이 결정되기 때문이다. 그러한 책임을 느끼며, 과학적인 수단과 아이의 정신적 필요를 이해하고 아이를 위해 필요한 환경을 준비하는 것이 어른들의 의무이다. 이것이 오랜 세월 동안 내려오는 인간 발달의 첫 번째 과학적인 원리이며, 지적인 어른들이 협력해야 하는 영역이다."

[사진 13]
"손은 지성의 도구이다.
아이는 손을 움직이며 스스로를 만들어간다."
"The hand is the tool of intelligence.
Through movement, the child constructs the self."

　동물은 각 개인이 종의 고정되고 균일한 특성을 재생산하는 대량 생산된 물건과 같다. 그러나 인간은 "손으로 일하는" 사람이며, 마치 자연적인 예술 작품인 것처럼 자신 만의 독특한 창조 정신을 가지고 있고 개인마다 다르다. 더욱 이 작업은 느리고 긴 시간이 필요하다.

- 마리아 몬테소리

[사진 14]
"스스로 해보려는 작은 몸짓 속에, 아이의 내면은 조용히 깨어난다."
"In a child's small gesture to try on their own,
their inner self quietly awakens."

    미숙하고 연약한 생명이 의식에 꽃을 피우며 감각들을 환경과 접촉시키는 순간, 깨달음의 끊임없는 노력 속에서 근육은 활성화된다. 아이의 이러한 내면의 노력은 신성시되어야 한다. 이 힘든 과정에 대해 우리는 아이를 공감하고 지지해야 한다. 왜냐하면 이 창조적인 시기에 그 아이의 미래의 인격이 결정되기 때문이다.

- 마리아 몬테소리

[사진 15]
"스스로 일어서려는 노력 속에서,
아이는 자신의 길을 만들어 간다."
"Through the effort to stand alone,
the child forges their own path."

　우리가 아는 유일한 것은 아이가 무엇이든 될 수 있다는 것이지만, 아무도 아이가 무엇이 될 것인지 무엇을 할 것인지 알지 못한다. 아이의 무력한 몸에는 살아 있는 생물체 중 가장 복잡한 메커니즘이 들어 있지만, 그것은 분명히 그 자신의 것이다. 인간은 자신의 것이며, 그의 특별한 의지는 구체화되어지는 작업으로 더욱 앞서 나갈 것이다.*

- 마리아 몬테소리

---

* 저자 주: 자신의 힘으로 일어서려고 노력하는 아이에게는 스스로 일어설 수 있는 환경 속의 디딤대가 필요하다.

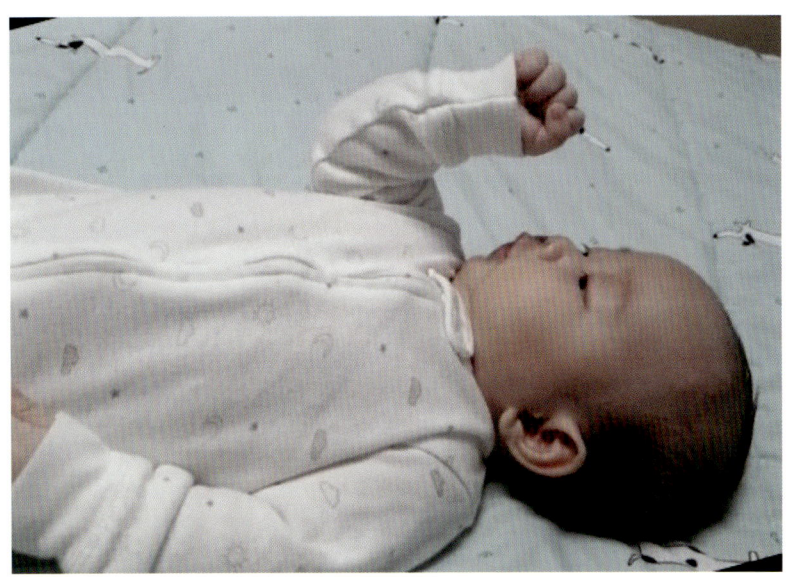

[사진 16]
"작고 연약한 이 존재는 단순한 신체가 아닌,
이미 삶을 향해 나아가는 정신적인 존재인 '정신적 태아'이다."
"This small and delicate being is not merely physical—
but a 'psychic embryo' already journeying toward life."

    환경 속에서 스스로 살기 위해 구체화하는 아이는 정신적 태아 a spiritual embryo이다. 따라서 육체적 태아와 마찬가지로 정신적 태아는 모든 것이 수용되고, 결코 억제되지 않는 사랑의 따뜻함과 가치의 풍요로움에 의해 생기를 느끼는 외부 환경에 의해 보호되어야 한다. 일단 이것을 이해한다면 어른들은 아이에 대한 태도를 바꿔야 한다. 정신적 태아로서 아이의 모습을 이해하고 어른들은 새로운 책임을 느껴야 한다. 우리에게는 거의 인형과 같아서 우리가 물질적으로 유인하고 현혹하는 그 부드럽고 사랑스럽고 작은 존재는 우리에게 경외심을 불러 일으킨다.

- 마리아 몬테소리

## 제5장

## 사랑을 가르치는 교사는 아이들이다

Dr. 몬테소리는, 아이와 관련된 어떤 일을 해결해야 한다면, 외부가 아닌 아이의 내면에 집중해야 한다고 언급했다. 외적인 증상을 해결하는 것이 전부가 아니라 기본적인 내면의 문제, 아이의 본성과 발달에 필요한 요소들에 관련된 문제를 해결하는 것이 우선이라고 강조하였다. 아이들은 어른이 느끼는 모든 것에 대해 매우 예민하며 모든 면을 모방하고자 한다. 실제로 우리는 아이가 어느 정도, 얼마나 완벽하게 어른들을 따르려고 하는지 짐작하지 못한다. 그러나 이런 모습이 아이의 진정한 모습이다. 모방과 관련해서 Dr. 몬테소리는 아이의 특징을 다음과 같이 열거하였다.

"예를 들어 한 아이가 슬리퍼를 침대에 놓았을 때 어머니가 아이에게 말한다. "안돼! 더러워! 슬리퍼는 더럽기 때문에 침대에 올려 놓는 것이 아니야!" 그리고 어머니는 손으로 침대보를 털어 낸다. 그 후 아이는 슬리퍼를 볼 때마다 "더러워" 하며 엄마처럼 외치면서 그것을 털어 낸다.

우리가 무엇을 더 원할 수 있겠는가? 아이는 너무 예민하고 영향을 잘 받기 때문에, 말 그대로 아이의 마음속에 모든 것이 새겨 지고 있기 때문에, 어른의 말과 행동은 항상 조심해야 한다. 아이는 순종이 아이의 삶이기때문에 고분고분하다. 아이는 어른의 입에서 나오는 모든 지혜를 사랑하고 존중한다. 그러므로 우리의 사소한 실수의 행동이 어떻게 아이에게 결정적으로 중요한 행동이 되어 깊게 새겨지는지 알아야 하며, 아이가 항상 우리를 사랑하고 따를 준비가 되어 있음을 기억해야 한다.

아이들은 어른을 사랑한다. 이것이 우리가 아이들을 알아야 하는 이유이다. 그러나 우리는 항상 부모와 교사인 우리가 아이를 얼마나 사랑하는지에 대해서만 이야기한다. 그리고 아이들이 어머니, 아버지, 교사를 사랑하도록 어떻게 가르쳐야 하는지에 대해 이야기한다. 그렇다면 진정으로 사랑을 가르치는 사람은 누구인가? 아이의 모든 활동을 잘못한 것으로 판단하고 이를 가혹하게 다루는 사람은 누구인가? 자신보다 더 넓은 세상을 보기 위해 의식의 눈을 뜨려는 특별한 노력 없이는 사랑의 교사가 될 수 없다.

그렇다, 아이들은 어른을 깊게 사랑한다. 아이가 잠자리에 들 때는 사랑하는 사람과 함께 잠자리에 들고 싶어 한다. 그러나 아이가 사랑하는 사람은 이렇게 말한다. "잠 들기 전에 아이 곁에 있으면 버릇이 나빠지겠지." 또는 아이들은 여전히 어른들과 함께 식사하고 싶어 하지만 어른들은 "아이가 우리와 함께 먹고 싶어 하겠지만, 그럴 때는 먹지 않는 척을 해서라도 피해야지"라고 생각한다. 그러나 아이는 설령 먹는 것이 제한적인 걸음마 시기일지라도, 사랑하는 사람들과 함께 먹고 싶고 함께 있기를 원한다. 만일 방안에 혼자 남아서 식사 때 울음을 터뜨리는 아이가 있다면 테이블로 데려오면 울음을 멈출 것이다. 하지만 아이가 식탁에 와서도 계속 운다면, 그것은 아무도 아이에게 관심을 기울이지 않기 때문이다. 아이는 이렇게 가족의 한사람으로 소속되고 싶어한다.

식사하는 동안 가족과 함께하고 싶은 강렬한 욕구때문에 우는 사람이 아이 말고 또 누가 있을까? 그리고 언젠가 아이가 성장하면 우리는 쓸쓸하게 다음과 같이 말할지도 모른다. "아이가 크니 아무도 나를 곁에 있으라고 원치 않네. 다들 자신들 생각만 하고 잠들지만 아무도 나를 생각하지 않네…" 오직 어릴 때 아이만이 부모를 기억하고 매일 밤 "나를 혼자 두지 말아요. 떠나지 말아요. 나와 함께 있어요!"

라고 말한다. 그러나 어른은 "할 일이 이렇게 많은데 어떻게 너만 보고 있니?, 무슨 말도 안 되는 소리니?"라고 하며, 아이의 이런 버릇을 고쳐야 하고, 그렇지 않으면 모든 사람이 아이의 노예가 될 거라고 생각한다.

때때로 아이가 아침에 일찍 일어나 잠을 더 자고 싶어하는 부모님을 깨우러 간다. 부모들은 이것에 대해서도 불평한다. 그러나 침대에서 빠져나오려는 아이는 당연히 해야 할 일을 하는 순수한 존재일 뿐이다. 해가 뜨면 모두 일어나야 하지만 부모는 여전히 자고 있다. 아이는 마치 "어서 일어 나세요. 아침이 우리를 깨우고 있어요. 새로운 아침을 시작하세요."라고 말하는 것처럼 그들에게 다가간다. 그러나 아이는 가르치려는 것이 아니다. 단지 부모님을 사랑하기 때문에 부모님에게 다가간다. 아이는 일어나자 마자 불이 켜 있지 않은 어두운 방을 통해 사랑하는 사람들을 향해 본능적으로 움직인다. 아이는 더듬거리며 그림자와 반쯤 닫힌 문들을 두려워하지 않고, 부모에게 다가가 그들을 가볍게 만진다. 부모들은 종종 "아침에 깨우지 말라고 했잖아"라고 말하지만, 아이는 "나는 깨우려고 한 것이 아니라 뽀뽀만 했어요!"라고 대답한다. 하지만 부모들은 이 순간에도 아이에게 야단 칠 방법을 생각한다. 인생에서 누군가가 보고 싶어서, 함께하기 위해 모든 어려움에도 불구하고 어른들에게 다가오고 싶어하는 일이 얼마나 자주 일어날까?

어른들은 이런 종류의 잘못된 행동은 고쳐야 한다고 말하고 이러한 사랑의 표현은 중요하지 않다고 생각한다. 사랑을 표현하는 아이는 아침 뿐 만 아니라 일생 동안 많은 잠을 자고 있는 아버지와 어머니를 깨운다. 우리 모두는 되도록이면 더 잠을 자려는 경향이 있지만 아이가 태어나면 아이가 부모를 깨우고, 어른들의 방식과는 전혀 다른 방식으로 행동하며 부모를 깨어 있게 하는 존재가 있게 되는 것이다. 아이들은 매일 이렇게 말하는 듯 하다. "보세요, 새로운 삶이 있어요. 우리는 지금보다 더 나은 삶을 살 수 있어요."

인간은 게을러 질 수 있는 경향이 있기 때문에 부모는 아이로 인해 더 잘 살 수 있다. 부모가 일어설 수 있도록 도와줄 사람은 바로 아이이다. 만약 부모가 시도하지 않는다면, 아이는 길을 잃는다. 조금씩 아이는 무뎌 지고 결국 무감각 해진다.

[사진 17]
"작고 여린 것에 주의를 기울이는 아이의 마음은,
세상을 사랑으로 바라보는 첫걸음이다."
"The child's attentiveness to the delicate
is the first step in viewing the world with love."

실제를 접하는 것이 지식과 지혜를 자라게 하는 씨앗이라면, 그 정서와 감각의 인상은 씨앗이 자라야 하는 비옥한 토양이다.

– 레이첼 카슨

*If facts are the seeds that later produce knowledge and wisdom, then the emotions and the impressions of the senses are the fertile soil in which the seeds must grow. - Rachel Carson*

[사진 18]
"아이는 세상의 섬세한 아름다움을 발견하는 데
타고난 감각을 지닌 탐험가이다."
"The child is an explorer born with senses
finely tuned to discover the subtleties of the world."

아이들은, 어쩌면 그들 자신이 우리보다 땅과 가깝기 때문에, 작고 눈에 띄지 않는 것을 발견하고 즐거워한다.

– 레이첼 카슨

*Children, perhaps because they themselves are small and closer to the ground than we, notice and delight in the small and inconspicuous." - Rachel Carson*

[사진 19]
"벽난로 앞에서 가족의 품에 안긴 아이는,
함께 있음의 충만함 속에서 삶을 배운다."
"Held in the arms of family by the fireplace,
 the child learns life through the fullness of togetherness."


아이들이 어른들과 함께 하려고 하고, 모든 방법으로 그들의 삶에 참여하려고 노력한다는 것은 분명하다. 아이는 가족과 함께 식탁에 앉아서 식사를 하거나, 벽난로 앞에 앉아 몸을 녹일 때 완전한 만족을 느낀다.

- 마리아 몬테소리

[사진 20]
"가족과의 식사는 아이에게 존재의 소속감을 심어주는
가장 따뜻한 순간이다."
"A family meal is the warmest moment that instills
in the child a sense of belonging."

    설령 먹는 것이 제한적인 걸음마 시기의 아이 일지라도, 사랑하는 사람들과 함께 먹고 싶고 함께 있기를 원한다. 식사 때 울음을 터뜨리는 아이가 있다면 테이블로 데려오면 울음을 멈출 것이다. 만일 아이가 식탁에 와서도 계속 운다면, 그것은 아무도 아이에게 관심을 기울이지 않기 때문이다. 아이는 이렇게 가족의 한사람으로 소속되고 싶어한다.

- 마리아 몬테소리

## 제6장
### 아이는 예리한 관찰자이다

　Dr. 몬테소리의 가장 훌륭한 기술은 관찰이다. 그녀의 모든 작업은 관찰에 기반을 두고 있다. 인간의 본성이 무엇인가에 대한 인류학적 연구를 기반으로, 인간의 발달이 시간과 문화에 걸쳐 일관되고 지속적이라는 것을 발견했다. 관찰을 통해, 전 세계 모든 아이들의 발달 과정과 욕구가 비슷하다는 것을 발견했다. 또한, 당면한 문제를 해결해야하는 경우에도 관찰 방법을 이용했다. 관찰을 통해 알게 된 수많은 사실 중 하나는 아이 또한 어른들이 발견할 수 없는 것조차 발견하는 예리한 관찰자라는 것이다. 이러한 예리한 관찰자를 위해 어른들은 어떤 태도를 취해야 할까? Dr.몬테소리의 실례를 통해서 그 교훈을 느낄 수 있다.
　"이제껏 우리가 아이의 주의를 끌기 위해 현란한 색, 과장된 몸짓, 큰 목소리를 사용해야한다고 믿는 것은 얼마나 유별난 일인가? 우리가 놓치는 것은 아이가 관찰 능력이 뛰어나며 사물 뿐 만 아니라 행동의 많은 이미지를 그대로 흡수한다는 것이다. 아이는 사물의 이미지 뿐 만 아니라 사물 간의 관계를 흡수하며, 어른들이 전혀 깨닫지 못할 때도 훨씬 앞서서 인식하고 있다.
　예를 들어, 한번도 집 밖에 나가 본 적이 없는 4주된 아이는 아버지와 삼촌 두 남자를 항상 따로 따로 보았다. 그러던 어느 날 아이는 그들을 함께 보았다. 아이는 놀란 표정으로 오랫동안 한 명씩 천천히 쳐다보았다. 두 남자는 관찰할 시간을 주기 위해 조용히 아이 앞에 서 있었다. 두 남자가 함께 방을 나가거나 산만하게 하는 말을 주고 받았다면 아이는 그들에게서 얻은 깊은 인상을 전혀 이해하지 못했을 것이다. 하지만 두 사람은 떠날 때도 천천히 떠났기 때문에 아이는 각자를 보고 서로 다른 사람이라고 생각할 시간을 갖을 수 있었다. 이것이 바로 아이의 내면의 정신 구조를 형성하도록 돕는 어른들의 자세이다.

아직 걷거나 말을 할 수 없는 어린 아이들의 다른 예가 있다. 한 어른은 아이를 품에 안고 있었다. 아이는 식당에서 과일 그림을 보고는 그것을 먹는 동작을 흉내 냈다. 아이는 아직까지 우유만 먹는 어린 아이이지만, 사람들이 과일을 먹는 것을 본 적이 있었다. 아이가 관심과 즐거움을 갖고 그 그림에 몰두하는 것을 본 어른은 아이의 관심이 사라질 때까지 그림 앞에 아이와 함께 서 있었다. 어른의 행동을 모방하므로 나타나는 아이의 내적 발달을 완성하도록 배려하는 이 어른의 태도야 말로 우리는 진정한 교육자라고 부를 수 있다.

또 다른 예는 건물 로비에 있는 발레하는 동상을 보고 즉시 춤을 추기 시작한 어린 아이에 관한 것이다. 아이는 이미 사람들이 춤추는 것을 보았고 조각상이 표현하는 자세를 알아봤다.

아이들은 항상 방에 있는 같은 물건에 흥미를 갖는다. 누군가 전에 없었던 것을 방 안에 가져오면 아이는 즉시 새로운 물건을 보고 그것이 무엇인지 물어볼 것이다. 어느 날 산책을 나간 한 여자아이는 벽 근처에 놓여있는 돌을 발견했다. 그 돌이 여자 아이에게는 인상깊게 남아 있었고 , 아이는 산책을 갈 때마다 그 돌을 보기 위해 멈춰야 했다. 만약 그 돌을 보지 않는 경우, 아이는 만족해 하지 않았다 .

아이들이 빛과 꽃, 동물들을 보는 것을 좋아한다는 것은 의심의 여지가 없다. 우리는 아이들이 예리한 관찰자이기 때문에 인지하는 이미지를 체계화할 수 있다는 것도 이해할 수 있다. 아이는 관찰에 대한 열정을 채우기 위해 항상 행동한다. 예를 들어, 아이는 자신에게 말하는 어른 개개인의 입을 유심히 관찰할 것이다. 그럼에도 불구하고 우리는 종종 아이의 관심을 끌기 위해서 소리를 지르거나 이름을 부르는 것이 필요하다고 생각한다. 하지만 아이들은 우리가 큰 소리로 말하는 대신에 입술로 작지만 뚜렷한 움직임을 보이면, 더욱 더 주의를 기울일 것이다. 이것은 아이를 흥분시키는 것이다. 왜냐하면 아이에게서 발달하는 것은 아이가 반드시 완수해야 할 과제에 대한 인식이기 때문이다. 아이는 언어에 무척 민감한 상태이다. 작은 소리로 입술만 움직이는 사람 근처에 4개월된 아이를 가까이 가서 안고 있으면, 아이는 큰 관심을 갖고 그 입모양을 지켜볼 것이다. 분명히 이러한 움직임은 아이가 필요로 하는 내적 발달과 일치하는 모방 능력을 자극하기 때문이다. 이것은 대부분의 어떤 것보다 아이를 더 흥분되게 만든다.

조금 큰 아이들을 보자. 나는 우리보다 아이들을 더 깊이 이해하는 것을 보여준 몇몇 일본 아버지들을 지켜볼 기회가 있었다. 한 명은 두 살배기 아들과 함께 산책을 하고 있었는데, 아들은 갑자기 길바닥에 주저앉았다. 아버지는 아이에게 "바닥이 더러우니까 일어나라!"라고 소리치지 않았다. 그리곤 아이가 혼자 일어나 산책을 계속할 때까지 참을성 있게 기다렸다. 이것이 교육자의 모습이다. 아이의 행동을 존중해 줌으로써 아버지가 자신의 통제적인 성격을 가라앉혔기 때문이다. 이 아버지들 중 또 다른 한 명은 자기 발을 벌리고 아이가 그 발 사이를 들락날락하며 오갈 수 있도록 서 있는 것을 보았다. 그런 아버지의 모습은 한편으로 우습지만 심지어 그 자리에서는 위엄 있는 모습까지 느껴졌다. 나는 많은 사람들이 그들의 전통으로부터 얻었거나 아마도 이미 오래전부터 알고 있는 지혜를 크게 존경한다.

반면에 우리 사회는 아이가 사회 속에서 어른이 되어가는 것에 대해 불안감을 느끼는 것같다. 나는 한 어머니를 보았는데 사실상, 우리 코스 중 하나를 수강한 어머니였다. 그녀는 아이를 데리고 밀라노의 거리를 걸었다. 거리는 종소리로 가득 차 있었고 아이는 종소리를 듣고 싶어서 걸음을 멈추고 싶었지만 어머니는 아이를 다그치며 계속 걷도록 강요했다. 어른이 아이에게 항상 일방적으로 수동적인 태도를 취하도록 설득하는 것은 옳지 않다. 오히려 어른들이 아이의 필요에 대해 이해하려고 노력하고 어른 자신의 특별한 욕구를 억제하는 것이 절대적으로 필요하다.

요즘 교육을 보면 신선한 공기와 햇살 즉 두 가지 모두 매우 훌륭한 것이지만 단지 신체발달만을 위한 아이의 필요에 전적으로 몰두하고 있는 것 같다. 그러나 햇살은 몸에 충분하지만, 말하자면 정신 세계에서 햇살과 같은 교육은 거의 없다. 안타깝게도 어른이 자신의 힘과 아이에 대한 무지로 파괴하는 것은 느리고 연약하지만 대단히 중요한 각 아이마다의 고유한 내적 구조이다.

어른들은 모든 아이의 필요를 인식할 수 있는 민감성을 가져야 한다. 그래야만 아이에게 필요한 모든 도움을 줄 수 있다. 원칙을 세운다면, 필요한 것은 아이들을 우리 삶에 참여시키는 것이다. 듣지 못하는 청각장애인이 언어를 배울 수 없는 것처럼, 행동을 배워야 하는 기간 동안 어떻게 행동해야 하는지 보지 못하면 올바르게 배울 수 없다. 아이에게 이 호의를 베푸는 것은, 아이가 우리 삶에 참여하도록 하는 것은 때로는 어렵지만, 비용이 들지 않는다. 그것은 오로지 어른의 정신적인 준비에 달려 있다. 움직이지 않는 아이는 아무것도 요구하지 않는다. 아이의 존재는 정신적인 존재이다."

**[사진 21]**
"아이의 시선이 머무는 곳엔 언제나 배움의 씨앗이 있다."
"Wherever a child's gaze lingers,
a seed of learning is always present."

　　아이들이 빛과 꽃, 동물들을 보는 것을 좋아한다는 것은 의심의 여지가 없다. 우리는 아이들이 예리한 관찰자이기 때문에 인지하는 이미지를 체계화할 수 있다는 것도 이해할 수 있다. 아이는 관찰에 대한 열정을 채우기 위해 항상 행동한다.

*- 마리아 몬테소리*

[사진 22]
"아기에게 중요한 건 큰소리보다 사랑이 깃든 조심스런 다가섬이다."
"What matters most to a baby is not loud voices,
but a tender, loving approach."

　아이는 자신에게 말하는 어른 개개인의 입을 유심히 관찰할 것이다. 그럼에도 불구하고 우리는 종종 아이의 관심을 끌기 위해서 소리를 지르거나 이름을 부르는 것이 필요하다고 생각한다. 하지만 아이들은 우리가 말하는 대신에 입술로 작지만 뚜렷한 움직임을 보이면, 더욱 더 주의를 기울일 것이다. 이것은 아이를 흥분시키는 것이다. 왜냐하면 아이에게서 발달하는 것은 아이가 반드시 완수해야 할 과제에 대한 인식이기 때문이다. 아이는 언어에 무척 민감한 상태이다. 작은 소리로 입술만 움직이는 사람 근처에 4개월된 아이를 가까이 가서 안고 있으면, 아이는 큰 관심을 갖고 그 입모양을 지켜볼 것이다. 분명히 이러한 움직임은 아이가 필요로 하는 내적 발달과 일치하는 모방 능력을 자극하기 때문이다. 이것은 대부분의 어떤 것보다 아이를 더 흥분되게 만든다.

- 마리아 몬테소리

[사진 23]
"어른이 지나치는 작은 것들 속에서,
아이는 무한한 이야기를 발견한다."
"In the small things adults overlook,
the child discovers infinite stories."

   아이의 가장 놀라운 점은 볼 수 있다고 상상할 수 없는 것들을 보는 아주 예리한 관찰자라는 것이다. 그렇다면 우리가 아이의 주의를 끌기 위해 현란한 색, 과장된 몸짓, 큰 목소리를 사용해야한다고 믿는 것은 얼마나 유별난 일인가? 우리가 놓치는 것은 아이가 관찰 능력이 뛰어나며 사물 뿐 만 아니라 행동의 많은 이미지를 그대로 흡수한다는 것이다. 아이는 사물의 이미지 뿐 만 아니라 사물 간의 관계를 흡수하며, 어른들이 전혀 깨닫지 못할 때도 우리보다 훨씬 앞서서 인식하고 있다.

- 마리아 몬테소리

[사진 24]
"도와주기 보다 준비해주는 어른이 아이의 정신을 존중한다."
"Rather than helping directly,
adults who prepare the environment respect the child's mind."

    어른들은 아이의 모든 필요를 인식할 수 있는 민감성을 가져야 한다. 그래야만 아이에게 필요한 모든 도움을 줄 수 있다. 원칙을 세운다면, 필요한 것은 아이들을 우리 삶에 참여시키는 것이다. 왜냐하면 듣지 못하는 청각장애인이 언어를 배울 수 없는 것처럼, 행동을 배워야 하는 기간 동안 어떻게 행동해야 하는지 보지 못하면 잘 배울 수 없다. 아이에게 이 호의를 베푸는 것은, 즉, 아이가 우리 삶에 참여하도록 하는 것은 어렵지만, 비용이 들지 않는다. 그것은 오로지 어른의 정신적인 준비에 달려 있다. 행동하지 않는 아이는 아무것도 요구하지 않는다. 실제, 아이의 존재는 정신적인 존재이다.

*- 마리아 몬테소리*

## 제7장

## 아이는 삶을
## 온전히 느끼고 싶어한다

　아이들의 수면에 대해서도 Dr. 몬테소리는 다음과 같이 권장한다. 태내에 있을 때, 자궁에서 약 7개월부터 아이들이 잠을 자고 꿈을 꾸기 시작한다. 아이들은 계속 배우고 싶어하고 활동하고 싶어서 깨어 있고 싶어한다. 하지만 아이들의 잠이 부족하게 되면 신체 발달의 균형을 이루기 어렵다. 어른들은 신생아 때부터 아이가 최대한 밤에 깨지 않도록 돕는 것이 필요하다. 밤에 수면 주기가 잘 잡힐 수 있도록 최선의 노력을 해야 한다. 출산 후 수면 패턴을 기록하고, 수유시간, 대소변 등을 기록해 어떻게 아이를 밤에 잘 잘 수 있도록 도울 것인가 계획을 잡고 실행을 한다. 밤에 잘 잔다는 것은 10시부터 아침 6시 정도까지 잠을 자는 것을 말한다. 되도록 수면 중에서 수유를 하지 않도록 한다. 출산 후 수면 패턴을 3개월 내 자리잡을 수 있도록 노력하는 것이 가장 우선적인 과제이다. 이 과정을 실천하기 위해서 아기가 울 때, 그 울음의 유형이 무엇인지 관찰해서 대처하면 많은 도움을 줄 수 있다. 졸려서 우는 것인지, 배고파서 우는 것인지, 기저귀를 갈아 달라고 우는 것인지 세심하게 관찰하여 파악을 하도록 노력한다. 졸려서 운다면 잠을 자도록 환경을 만드는 등 아이의 욕구를 미리 알고 대처한다면 좀 더 수월하게, 건강한 방식으로 아이를 이끌어줄 수 있다. 보통 갓난아기는 조금 소란을 피운 뒤 다시 잠을 청하기도 한다. 소란을 피우고 운다고 무조건 달려가서 어르고 달래면 그것이 강화되기도 한다. 또한 안정된 수면을 위해서 밤에 아기를 지나치게 다루지 말도록 한다. 지속적으로 토닥거리는 것도 올바른 방법이 아니다. 만일 아이가 불안해 한다면 양육자가 옆에 있음을 느낄 수 있도록 손을 가볍게 얹어 두는 정도가 적당하다. 과하게 토닥이며 움직이면 아기의 수면을 방해할 수 있다.

　Dr. 몬테소리는 올바른 수면 패턴을 갖추는 것도 중요하지만 지나치게 잠을 재우려는 어른들의 태도에 대해서도 언급하였다.

"왜 아이를 억지로 재우려 하는가? 만약 아이가 원하는 만큼 깨어 있게 하고 우리 가까이에 둔다면, 아이가 훨씬 더 적게 잠을 필요로 한다는 것을 알게 될 것이다. 아이들에게 잠을 강요하는 선입견은 근거가 없지만 이탈리아 북부 사람들 사이에서 매우 인기가 있으며 우리는 논쟁없이 그것을 받아들인다. 한번은 한 아이가 나에게 와서 별은 아주 아름다운 것이라고 이야기를 많이 들었는데 그것을 한 번도 본적이 없어서 별이 보고 싶다고 말했다. 아이는 아주 일찍 잠자리에 들었기 때문에 별들을 본 적이 없었다. 억지로 잠을 자도록 강요 받은 아이는 자아형성의 내적 작업이 극도로 지쳐 있다는 것을 이해하기 쉽다. 왜냐하면 아이는 자아형성의 과정을 파괴하고 대부분 자신을 잠들도록 비난하는 어른들과 싸우도록 강요 받기 때문이다."

Dr. 몬테소리는 "어른은 절대로 아이를 자신의 틀에 따라 만들지 않아야 하며 아이가 스스로 성장하도록 지켜보며, 항상 아이 자신에 대한 가장 깊은 이해로 부터 일을 해야 한다."고 강조한다.

"관용을 가르치는, 그리스도는 "등불을 끄지 말라"고 했다. 즉, "이미 꺼져가고 있는 등불도 끄지 말라"고 말했다. 우리는 이 관용의 원리를 빌려 교육에 적용할 수 있다: "아이들이 내면의 부드러운 밀랍으로 만드는 자신들의 형태를 지우지 말라." 이것은 스스로 성장하는 과정에 있는 아이를 교육히는 어른들이 명심해야 할 가장 큰 의무이다.

가장 기본적인 교육 개념은 우리가 아이의 발달에 장애가 되어서는 안 된다는 것이다. 그리고 우리가 무엇을 해야 하는지 아는 것은 그렇게 어렵지 않다. 하지만 아이들을 교육시키기 위해 어떤 추측과 어떤 쓸데없는 편견을 버려야 하는지 이해하는 것이 가장 어려운 과제이다."

[사진 25]
"아이의 내면에서 울려 나오는 리듬을 따라,
스스로의 세상을 연주하게 해야 한다."
"Let the child play the music of their world by following the
rhythm that arises from within."

어른은 절대로 아이를 자신의 틀에 맞게 만들지 않아야 하며 아이가 스스로 성장하도록 지켜보며, 항상 아이 자신에 대한 가장 깊은 이해로 부터 모든 일을 해야 한다.

- 마리아 몬테소리

[사진 26]
"아이 안에 이미 존재하는 생명의 씨앗이,
스스로 천천히 싹트도록 도와야 한다."
"We must help the seed of life that
already exists within the child slowly sprout on its own."

    교육자들은 몇 살이 안 된 어린 아이를 "부드러운 밀랍"으로 정의하며 적당한 방식으로 모양을 만들 수 있다고 규정한다. 무엇이든 만들 수 있는 부드러운 밀랍의 정의에 내재된 개념은 맞을 수 있지만 문제는 아이를 형성하는 것이, 아이가 아니라 교육자가 형성해야 한다고 믿는 사실이다. 하지만 반대로 아이는 아이 자신이 형성해야 한다. 이것이 기본 원칙이다. 왜냐하면 아이는 자신을 표현하는 상황에서도 진정으로 자기 활동성이 있어야 하기 때문이다. 이 작은 존재들을 통제하려는 사적이고 막강한 어른들의 맹목적이고 야만적이며 부적절한 개입으로 아이가 "부드러운 밀랍"으로 이제 막 자신을 형성하기 시작하는 대략적인 형태를 지워버릴 수도 있다. 사실, 그러한 개입을 악이라고 규정하는 것은 그렇게 심한 평가는 아닐 것이다.

- 마리아 몬테소리

**[사진 27]**
"간섭 없는 순간에 피어난 만족은 아이 안의 힘이 되어 자란다."
"The satisfaction born in uninterrupted moments becomes a strength growing inside the child."

   한번은 한 아이가 나에게 와서 별은 아주 아름다운 것이라고 이야기를 많이 들었는데 그것을 한번도 본적이 없어서 별이 보고 싶다고 말했다. 아이는 아주 일찍 잠자리에 들었기 때문에 별들을 본 적이 없었다. 억지로 잠을 자도록 강요 받은 아이는 자아형성의 내적 작업이 극도로 지쳐 있다는 것을 이해하기 쉽다. 왜냐하면 아이는 자아형성의 과정을 파괴하고 대부분 자신을 잠들도록 비난하는 어른들과 싸우도록 강요 받기 때문이다.

- 마리아 몬테소리

[사진 28]
"아이에게 가장 깊은 행복은,
사랑하는 사람 곁에서 삶의 따뜻함을 함께 느끼는 순간에 있다."
"A child's deepest joy lies in moments of
warmth shared beside loved ones."

    교육자의 첫 번째 의무는 그가 신생아 든 유아 든 관계없이 어린 생명을 인격체로써 인식하고 존중하는 것이다. 아이가 우리를 짜증나게 할 수 있기 때문에 아이들이 우리와 함께하는 것을 허용하지 않는 것은 아이에 대한 존중감이 결여된 것이다. 어른 사회에서 함께 즐거움을 이야기하듯 작은 아이에게도 그렇게 하는 것은 당연하다. 만약 우리가 저녁을 먹고 있는데 아이가 다른 방에 있고 아이가 소외되어 눈물을 흘린다면, 우리는 아이에게서 어른에게 베풀었을 존중감을 보류한 것이다. 우리가 존중하는 사람과 마찬가지로, 아이가 우리와 함께 식사함으로써 "우리에게 존중을 베풀 수 있다"는 생각을 해야 한다. 우리는 아이가 있는 것을 기뻐해야 하고, 아이를 우리 곁에 두어야 한다.

- 마리아 몬테소리

## 제8장
### 아이가 주인이 되는 환경이 필요하다

지금까지 전통적 교육 형태에서 아이는 진정한 자신의 모습에 집중하기 보다는 오히려 어른들이 일방적으로 제시하는 사회적 환경에 적응하도록 강요를 받았으며 그래서 아이의 본성과는 거리가 먼 삶을 산 것이 분명하다. 어른들에게 아이는 단지 "미래"가 중요할 뿐 현재의 모습에는 관심이 없다. 아이가 어른들의 지시를 잘 따르고 바르게 자라서 앞으로 성장할 모습만을 기대할 뿐이다.

"아이가 필요로 하는 모든 요소 중에서, 가장 자주 무시되는 것은 아이가 인간이라는 점이다. 바로 아이의 정신적 욕구를 이해해야 한다. 아이 속에 가려져 있는 인간은 여전히 숨겨져 있다. 아이가 어른으로부터 자신을 방어하기 위해 행사한 힘과 에너지의 잘못된 결과로 나타난 흐느낌, 비명, 이탈된 행동, 수줍음, 불복종, 거짓말, 이기주의, 파괴적 행동만이 겉으로 드러난다. 만약 우리가 이러한 방어 수단을 아이의 인격의 본질적인 요소로 생각한다면 우리는 가장 큰 오류를 범하는 것이다. 더구나 아이가 실수를 했을 때, 어른들은 이러한 행동들을 없애기 위해 신체적 처벌의 수단으로 가장 엄격한 방법으로 제거해야 하는 것이 어른들의 의무라고 믿고 있다. 결국, 아이에 대한 이러한 반응은 종종 도덕적 결함 또는 신경 장애의 기폭제가 되어 나타나며 그 결과는 아이가 평생 동안 짊어 지고 갈수밖에 없다. 우리 모두는 이 발달의 시기가 한 사람의 삶에서 가장 중요하다는 것을 알고 있다. 도덕적 기아나 정신적 결함은 신체의 기아 보다 인간에게 더 치명적일 수 있다. 결과적으로, 유아교육은 인류의 가장 중요한 문제이다."

"따라서 어른들은 아이의 정신의 아주 작은 것까지도 이해하고 아이들의 세계와 긴밀한 관계를 맺기 위해 가장 성실하게 노력해야 한다. 지금까지 우리는 많은 장점을 가진 아이에 대해 항상 결점을 찾고 아이들을 가차없이 평가하는 것을 즐겼지만 이제는 좀 더 겸손한 태도를 가져야 한다. 이것은 에머슨이 예수의 메시지를 해석한 것과 일치한다. "어린 아이는 영원한 구세주이다. 아이는 천국으로 돌아가길 기도하기 위해 쓰러진 사람의 품으로 끊임없이 돌아온다." 만약 우리가 아이를 올바르게 돌보는 것이 얼마나 절대적이고 시급한지를 생각한다면 우리는 인류의 선the good of humanity을 위해 위대한 기여를 할 것이다."

어떤 아이도 어른들이 제시하는 틀 속에서 그들의 자유로운 삶을 살 수 없다. 실제로, 어른은 아이에 대한 지속적인 감시와 끊임없는 훈계 그리고 독단적인 명령으로 아이의 발달을 불안하게 하고 방해하고 있다. 삶에 대해 긍정적인 싹이 트는 중요한 이 시기의 아이들의 모든 에너지가 이런 식으로 질식된다면 아이에게는 오직 이 상황을 벗어 나고자 하는 강렬한 욕구만이 생길 뿐이다.

"그러므로, 우리는 감시자로서 역할을 그만두고, 대신 감시와 지시로 아이를 지치게 하는 환경을 최소화 시키도록 준비해야 한다. 이럴 때 아무리 환경이 아이의 필요에 적합하다고 해도 교사로서 우리의 역할은 제한적일 것이다. 그러나, 우리는 한가지 생각을 분명히 기억해야 한다. 즉 아이에게 자유를 주는 것은 아이를 아이 자신에게 내맡기거나 아이를 소홀히 하는 것이 아니다. 어른들이 주어야 하는 도움은 아이가 겪을 모든 어려움에 소홀해서는 안 된다. 오히려 우리는 신중하고 애정 어린 보살핌으로 아이의 발달을 지지해야 한다. 더욱이 우리가 아이의 환경을 준비하는 과정에서도 중대한 과제에 직면할 수 있다. 그것은 어떤 의미에서 새로운 세계, 즉 아이들만의 세계를 만들어야 하기 때문이다."

아이들의 정신을 존중하고 그것을 실현하기 위해서는 아이들이 주인이 되어 다가갈 수 있는 환경이 만들어져야 한다. Dr. 몬테소리가 아이들을 모아 놓고 새로운 교육을 실천할 때 가장 먼저 한 일은 아이들이 다가갈 수 있는 아이들 크기에 맞는 의자와 집기를 준비하는 것이었다.

"우리가 아이들이 필요로 하는 작은 가구를 그냥 꺼내 놓기만 해도 아이들은 특별한 방식으로 그들의 활동을 정리하는 것을 볼 수 있다. 그들이 하는 모든 일은 자발적인 의지에 의해 결정된다. 아이들은 자신이 원하는 것을 알고 있기 때문에 아무런 위험 없이 스스로 잘 지낼 수 있다. 비록 현재는 강제적인 환경에서 활동하기 때문에 우리가 아이의 이런 모습을 거의 보지 못하지만 아이들의 활동의 욕구는 음식에 대한 욕구보다 더 강렬하다. 어른들이 아이들에게 적절한 환경을 제공한다면, 우리는 작고 불행한 말썽꾸러기 아이들에서 행복하고 활동적인 아이들로 변하는 것을 볼 수 있다. 귀신이 나올 것 같은 집안의 파괴자는 그를 둘러싸고 있는 물건들을 가장 세심하게 관리하는 사람이 되고, 시끄럽고 무질서한 아이는 고요하고 질서 있는 존재로 변한다. 왜냐하면 이제까지 아이가 적응할 수 있는 외부적 수단이 없었기 때문에, 아이는 그동안 자신의 큰 에너지를 활용할 방법을 몰랐다. 이제 아이는 자신의 능력을 완벽하게 발휘할 수 있기 때문에 아이의 모든 에너지를 활용하는 활동을 본능적으로 추진한다. 모든 것은 이것에 달려 있다.

오늘날 우리는 아이들의 지적 발달에 도움이 되도록 고안된 것들에 대해 잘 알고 있다. 아이들 크기에 맞게 세심하게 배려된 작은 가구나 밝은 색깔의 가벼운 가구는 그 물건을 쉽게 옮길 수 있다. 밝은 색의 가구는 얼룩이 질 때 잘 보이기 때문에 아이가 즉시 비누와 물로 간단히 처리할 수 있다. 아이들은 항상 이러한 가구와 함께 자신이 좋아하는 장소를 찾고 자신이 좋아하는 방식으로 편안하게 지내지만, 아이에게 적당한 가벼운 가구는 함부로 다루면 소리가 나고 이것이 갑작스러운 움직임을 과장하는 경향이 있다. 그 결과, 아이는 조심해야 한다는 자신의 신체 움직임에 대한 인식을 발달시킨다. 어린 아이이지만 유리나 자기로 만든 작은 물건도 다룰 수 있다. 아이는 그 물건들을 조심하게 다루지 않으면 떨어 지고 깨져서 영원히 쓸모 없어 진다는 것을 알게 된다. 이로 인한 아이가 느끼는 상실감이 아이가 실수할 때 받게 되는 최대의 처벌이다.

귀중한 물건을 잃어버리는 것은 그 아이에게 끔찍한 고통을 안겨준다. 누가 깨진 꽃병 앞에서 얼굴이 붉게 눈물을 흘리는 아이를 위로하고 싶은 충동을 느끼지 않겠는가? 하지만 그 때부터, 아이는 깨지기 쉬운 물건을 들고 다닐 때 조심스럽게 걷기 위해 모든 노력을 기울일 것이다.

만약 아이가 범하는 모든 작은 실수들이 부모나 선생님의 개입 없이 아이에게 분명하게 느껴진다면, 환경 자체가 아이를 가르칠 것이며 부모나 교사는 그 모든 일을 조용히 관찰해야 할 것이다. 조금씩 아이는 자신의 행동을 조언하는 사물의 조용한 언어를 듣는 것처럼 보일 것이다. "조심해! 봐 봐! 나는 새로 칠한 책상이야. 나를 긁거나 더럽히지 말아줘!" 사물과 환경 자체의 아름다움 역시 활동적인 아이의 세심함을 자극한다. 이런 이유로 환경의 모든 것은 매력적이어야 한다. 먼지를 닦는 천은 다양한 색상이고, 브러시는 밝은 색상이어야 하고, 비누는 아이 손을 씻기에 크기가 적당해야 한다. 매력적인 물건은 아이가 물건을 만지고 사용하는 법을 배우도록 유도한다. 아이는 밝은 색깔의 천에 끌리게 될 것이고 그것이 테이블, 그의 옷의 먼지를 터는 브러시, 또는 그가 손을 씻어야 하는 비누에 사용된다는 것을 알게 될 것이다. 이런 식으로, 아름다운 것들이 아이를 구석구석 끌어당기고, 실제로 그 물건들은 아이를 지도할 것이다. 이제 아이에게 "카알, 양치질을 해라" 또는 "존, 손을 씻어라"라고 말하는 것은 교사가 할 일이 아니다. 신발을 묶거나 옷을 입거나 옷을 벗을 수 있는 스스로 할 줄 아는 아이는 독립심에서 비롯된 인간 존엄의 이미지를 기쁨과 성취감으로 나타난다.

아이들이 작업을 하면서 느끼는 기쁨은 강력한 열정으로 모든 것을 몰두하도록 자극한다. 문 손잡이를 닦고 그것을 비춰보면 거울처럼 빛날 정도로 오래 작업을 한다. 먼지 털기나 청소와 같은 가장 간단한 작업조차도 세심한 주의와 집중을 기울여 작업한다. 분명히, 아이들에게 영감을 주는 것은 주어진 임무의 완성이 아니라 그것이 아이들의 잠재된 에너지를 활용한다는 사실이다. 아이들의 활동 시간을 결정하는 것은 이러한 에너지 활용과 관계된다.

이러한 활동의 반복은 아이를 행복하게 만들기도 하지만 아주 능숙하게 그것들을 해내는 방법을 배우게 한다. 우리는 아주 어린 아이들이 스스로 옷을 입고 벗고, 자신의 단추를 끼우고, 매듭과 리본을 묶고, 식탁을 완벽하게 정리하고, 접시와 유리잔을 닦는 것을 보았다. 이러한 아이들의 엄청난 에너지는 자신보다 약한 다른 아이들을 위해 사용한다는 사실에서도 느껴진다. 나는 한 아이가 어린 아이를 위해 작업복을 입혀주고 신발 끈을 매어 주는 것을 보았다. 자신보다 어린 아이가 수프를 쏟았을 때 다른 아이가 바닥을 닦았다.

아이가 설거지를 하는 것은 자신과 그릇을 더럽힌 다른 사람을 위해 설거지를 하는 것이다. 아이가 식탁을 차리면 아이는 자신과 일을 공유하지 않은 많은 사람들을 위해 일을 한다. 그러나 아이는 다른 사람을 위해 한 일이 보상을 받을 만하다고 생각하지 않는다. 그 일의 가장 야심 찬 보상은 일 그 자체이다. 어느 날, 나는 누구에게도 말 한 마디 하지 않고 뜨거운 수프 접시 앞에 슬프게 앉아있는 어린 아이를 보았다. 누군가 그 아이에게 식탁을 차릴 수 있다고 약속한 다음 그 사실을 잊어버렸다. 그래서 그 실망은 그 아이의 배고픔도 잊게 만들었다. 그 아이의 상처받은 감정은, 배고픔 보다 더 강하게 나타난 것이다.

아이의 외적 사회적 행동은 이런 방식으로 발달한다. 아이는 완벽하게 이해하고 쉽게 얻을 수 있는 목적을 가지고 있다. 아이를 이 환경의 틀 안에 넣어 줌으로써 아이에게 그 목적에 도달할 수 있는 자유를 줄 수 있다. 이것이 확실하게 아이들에게 진정한 흥미를 끌게 하는 것이다. 아이는 이런 형태로 활동을 하고 싶어 하는 자신의 욕구를 충족시키고 자신의 발달 요구를 만족시키기 위해서 자신의 방식으로 일을 한다. 하지만 아이의 욕구를 만족시키기 위해서는 간단하고 명확한 목표가 있어야 한다. 손 씻기를 할 때 아이는 손을 수없이 씻을 것이다. 손이 더러워서가 아니라, 물을 운반하고 붓고 비누와 수건을 다루는 등 필요한 일련의 2차 행동을 떠올리는 물리적인 물건을 사용하고 있기 때문이다. 바닥을 닦고, 꽃병의 물을 갈아 주고, 작은 테이블을 정리하고, 침대를 정돈하고, 저녁 식사를 위한 테이블을 마련하는 등 모든 것이 아이의 신체 운동을 발달시키는 합리적인 활동이다. 집안 일을 해야 했고 그 이후의 피로를 경험한 사람이라면 일상생활을 완성하기 위해 얼마나 많은 움직임이 필요한지 알 수 있다. 오늘날, 사람들은 체조와 신체 운동의 필요성에 대해 많은 이야기를 한다. 하지만 우리 교육에서는 일반적인 단순한 기계적 운동이 아니라 명확하고 분명한 이유로 이루어질 수 있는 운동을 중요시 한다."

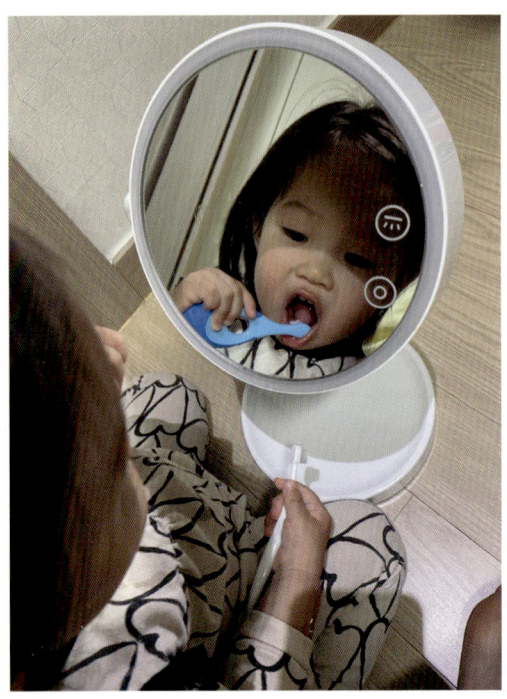

[사진 29]
"작은 손으로 쌓아가는 집중과 반복의 힘,
그 안에 아이의 성장 에너지가 살아있다."
"In the power of concentration and repetition built with
small hands, the energy of the child's growth is alive."

아이들이 작업을 하면서 느끼는 기쁨은 강렬한 열정으로 모든 것을 몰두하도록 자극한다. 문 손잡이를 닦고 그것을 비춰보면 거울처럼 빛날 정도로 오래 작업을 한다. 먼지 털기나 청소와 같은 가장 간단한 작업조차도 세심한 주의와 집중을 기울여 작업한다. 분명히, 아이들에게 영감을 주는 것은 주어진 임무의 완성이 아니라 그것이 아이들의 잠재된 에너지를 활용한다는 사실이다. 아이들의 활동 시간을 결정하는 것은 이러한 에너지 활용과 관계된다.

*- 마리아 몬테소리*

[사진 30]
"어른의 칭찬보다 값진 보상은,
아이 스스로 느끼는 기쁨과 성장의 순간이다."
"More valuable than praise is the
child's own joy and moment of growth."

　아이가 설거지를 하는 것은 자신과 그릇을 더럽힌 다른 사람을 위해 설거지를 하는 것이다. 아이가 식탁을 차리면 아이는 자신과 일을 공유하지 않은 많은 사람들을 위해 일을 한다. 그러나 아이는 다른 사람을 위해 한 일이 보상을 받을 만하다고 생각하지 않는다. 그 일의 가장 야심 찬 보상은 일 그 자체이다. 어느 날, 나는 아무에게도 말 한 마디 하시 않고 뜨거운 수프 접시 앞에 슬프게 앉아있는 어린 아이를 보았다. 누군가 그 아이에게 식탁을 차릴 수 있다고 약속한 다음 그 사실을 잊어버렸다. 그래서 그 실망은 그 아이의 배고픔도 잊게 만들었다. 그 아이의 상처받은 감정은 배고픔보다 더 강하게 나타난 것이다.

― 마리아 몬테소리

[사진 31]
"스스로 옷을 입는 순간, 아이는 자기 삶의 주인이 된다."
"When dressing on their own,
the child becomes the master of their life."

    우리는 아주 어린 아이들이 스스로 옷을 입고 벗고, 자신의 단추를 끼우고, 매듭과 리본을 묶고, 식탁을 완벽하게 정리하고, 접시와 유리잔을 닦는 것을 보았다. 이러한 아이들의 엄청난 에너지는 자신보다 약한 다른 아이들을 위해 사용한다는 사실에서도 느껴진다. 나는 한 아이가 어린 아이를 위해 작업복을 입혀주고 신발 끈을 매어 주는 것을 보았다. 자신보다 어린 아이가 수프를 쏟았을 때 다른 아이가 바닥을 닦았다.

- 마리아 몬테소리

[사진 32]
"스스로의 움직임 속에서, 아이는 자신만의 세계를 정돈해 간다."
"Through self-directed movement,
the child organizes their own world."

 아이가 자신의 손을 수없이 씻을 때 손이 더러워서가 아니라, 물을 운반하고 붓고 비누와 수건을 다루는 등 필요한 일련의 2차 행동을 떠올리는 물리적인 물건이 가까이 준비되어 있기 때문이다. 바닥을 닦고, 꽃병의 물을 갈아 주고, 작은 테이블을 정리하고, 침대를 정돈하고, 저녁 식사를 위한 테이블을 마련하는 등 모든 것이 아이의 신체 운동을 구성하는 합리적인 활동이다. 집안일을 해야 했고 그 이후의 피로를 경험한 사람이라면 일상생활을 완성하기 위해 얼마나 순수한 움직임이 많이 필요한지 알 수 있다. 특히 오늘날, 사람들은 체조와 신체 운동의 필요성에 대해 많은 이야기를 한다. 그런데 우리 교육에서는 일반적인 단순한 기계적 운동이 아니라 명확하고 분명한 이유로 이루어질 수 있는 운동을 중요시 한다.

- 마리아 몬테소리

## 제9장
### 집중은 교육의 열쇠이다

아이들의 정신을 존중하고 그것을 실현하기 위해서는 아이들이 주인이 되는 환경을 준비한다. 아이들은 Dr. 몬테소리가 정성을 다해 준비한 어린이의 집$^{Casa\ dei\ bambini}$에서 즐겁게 일상생활과 다양한 활동을 하면서 생활하고 있다. 이 곳을 방문한 사람들은 모든 아이들이 스스로 하고 싶어하는 다양한 일을 하면서도 평화롭고 자율적인 환경을 유지하는 것을 보고 놀라움을 금치 못한다.

더불어 Dr. 몬테소리는 생각하였다. "만약 아이가 자신의 활동 영역에서 자신의 내적 필요에 일치하는 것을 발견한다면, 아이는 자신의 발달에 필요한 것을 우리에게 더 많이 알려줄 것이다." 그리고 마침내 Dr. 몬테소리는 다음과 같은 현상을 발견하였다.

"우리는 특별한 현상을 보게 되었다. 이 아이의 모습을 처음 발견했을 때, 나는 어리둥절했다. 많은 심리학적 이론이 내 눈앞에서 무너져 내렸기 때문에 이 새롭고 놀라운 미스터리가 실제인지 스스로에게 물었다. 사람들은 아이들은 오랫동안 어떤 물건에도 주의를 집중할 수 없다고 믿었고 나 또한 그렇게 믿었다. 그러나 내 눈 앞에는 가장 깊은 주의력을 가진 네 살 난 여자 아이가 다양한 치수의 꼭지 원기둥을 꼭지 원기둥 틀에 넣고 있었다. 아이는 천천히 조심스럽게 그것들을 집어넣었고, 아무것도 남지 않았을 때 다시 꺼내서 집어넣고 꺼내기를 끝이 없이 계속했다. 나는 옆에서 소리 내어 책을 읽기 시작했다. 아이가 자신의 작업을 열 네 번 이상 반복했을 때, 나는 피아노에 앉아 다른 아이들에게 노래를 불러 달라고 부탁했다. 여자 아이는 움직이지도 고개를 들지도 않고 똑같은 작업을 계속했고, 주변에서 일어나는 모든 일을 완전히 잊어버린 듯 했다. 드디어 아이는 멈추고 일어났고 만족한 얼굴에는 두 눈이 빛났다. 아이는 마치 충분한 휴식을 취한 듯 따사로운 햇빛을 받고 아침에 일어나듯 행복해하며 미소를 짓고 있었다.

그 이후로, 나는 이런 신호들을 더 많이 관찰했다. 흡족한 일을 끝마쳤을 때, 아이들은 휴식을 취한 듯 매우 기뻐하는 것처럼 보였다. 마치 아이들의 영혼 속에 길이 열려 잠재된 모든 힘을 이끌어 내고, 자신의 더 나은 부분을 밝혀내는 것처럼 보였다. 아이들은 모든 사람에게 다정다감한 모습을 보였고, 다른 사람들을 돕기 위해 헌신했으며, 선의가 충만해 보였다. 그런 다음 그들 중 한 명이 선생님에게 조용히 다가가서 "나는 착한 아이예요!"라는 엄청난 비밀을 털어놓는 것처럼 속삭이곤 했다.

이 관찰은 이미 다른 사람들에게 가치 있는 것으로 여겨졌지만 특히 나에게 깊은 의미가 있는 특별한 일이었다. 아이들 안에서 일어난 일을 기준삼아 교육 문제를 완전히 해결할 수 있었다. 질서의 개념과 인격의 발달, 지적이고 정서적인 삶은 이 숨겨진 근원에서 비롯되어야 한다는 것이 분명했다. 그 후, 나는 이러한 집중력을 가능하게 하는 실험 대상을 찾기 시작했고, 이 집중력에 가장 유리한 외부 조건을 제시할 환경을 신중하게 준비했다. 이것이 바로 몬테소리 교육 방법이 시작된 동기이다."

Dr. 몬테소리는 또한 누구나 아이들에게서 이런 생각의 힘, 그 안에 있는 정신의 몰입이라는 것을 발견하기 때문에, 이 자질은 특별하거나 특별히 재능을 가진 사람들에게만 나타나는 것이 아니라, 성숙기에 있는 사람들에게 나타나는 보편적인 인간의 특성이라는 것은 명백하게 믿게 있었다.

"확실히 여기에 모든 교육학의 열쇠가 있다고 생각한다. 즉 읽기, 쓰기, 이야기 나누기 그리고 나중에는 문법, 수, 외국어 등의 가르침에 그것들을 활용하기 위해 집중의 소중한 순간들을 인식하는 것을 배우는 것이다. 더욱이, 심리학자들은 하나의 교수법이 있다는 것에 동의한다. 즉 교사들은 학생들에게 가장 깊은 관심과 활기차고 일관된 관심을 유지하도록 노력해야 한다. 이제 교육은 오직 이것에 초점을 맞추어야 한다. 즉 스스로의 교육을 통해 아이의 내적 힘을 이용하는 것이다. 그런데 그것이 가능할까? 그것은 가능할 뿐만 아니라 당연히 필요하다. 집중력을 키우기 위해서는 점차적으로 주의력이 자극되어야 한다. 감각에 호소하고, 쉽게 알아볼 수 있고, 아이들에게 흥미를 줄 수 있는 물건으로 다양한 크기와 색깔의 원기둥, 점차성에 따라 다양하게 구별되는 소리, 촉각으로 인식할 수 있는 거친 표면의 교구로부터 시작해야 한다. 나중에 우리는 알파벳, 쓰기, 읽기, 문법, 미술, 수, 역사, 과학에서 더 복잡한 연산을 소개한다. 아이의 지식은 이렇게 쌓인다.

그 결과, 새로운 교사의 작업은 보다 섬세하고 어려워진다. 아이가 자신만의 학습과 완성의 길을 찾게 될 것인지 아니면 방해를 받을 것인지는 교사에게 달려 있다. 따라서 새로운 교사에게 매우 어려운 점이지만 분명하게 해 두어야 하는 것은 아이가 스스로 발달하기 때문에 처음에는 실수가 예상되더라도 교사 자신을 억제하고 개입하고 지시를 내리는 것을 피해야 한다는 것이다. 새로운 교사는 아이의 형성이나 훈련에 영향을 미치지 않아야 하며, 교사의 모든 믿음은 아이의 잠재된 능력을 전적으로 신뢰해야 한다. 그러나 확실히 이러한 새로운 교사가 아니라 일반적 교육을 실천하는 교사는 매우 어린 아이들에게 지속적으로 조언하고, 아이들을 시정하거나, 아이들에게 자신이 경험과 지식에 있어서 우월하다는 것을 보여주고 강요하는 무언가가 있다. 하지만 새로운 교사는 이와 같은 모든 헛된 노력을 중단해야 한다. 그렇지 않으면 아무런 성과도 얻지 못할 것이다.

그러나 새로운 교사는 환경을 준비하는 데 있어 성실해야 한다. 교사는 분명한 목적을 가지고 교구를 배치하고 아이에게 일상생활의 활동에 대해 지속적으로 소개하며 의식적으로 환경을 준비해야 한다. 교사가 갖추어야 하는 능력은 올바른 작업을 선택한 아이와 이탈된 아이를 구별할 수 있는 능력이며, 교사의 사랑과 자신감을 실천하기 위해 아이가 요구할 때마다 그곳에 있을 준비가 되어 있어야 한다. 항상 그 자리에 있는 것이 중요하다.

  교사는 더 나은 인류를 위해 헌신해야 한다. 교사는 다른 사람들을 순결하게 하고 오염되지 않게 지켜 주는 베스탈Vestal*과 같아야 한다. 교사는 그 모든 순수함 속에서 내면의 생명의 불꽃을 지키는 일에 헌신해야 한다. 만약 그 불꽃을 거부하고 지켜내지 않는다면 다시는 불이 밝혀지지 않기 때문이다."

---

\* 저자 주 : 베스탈- 고대 로마시대 신성한 불을 지키는 여사제

[사진 33]
"실수는 올바른 방법을 발견해 가는 여정이다."
"A mistake is part of the
journey to discovering the right way."

   새로운 교사에게 매우 어려운 점이지만 분명하게 해 두어야 하는 것은 아이가 스스로 발달하기 때문에 처음에는 실수가 예상되더라도 교사 자신을 억제하고 지시를 내리는 것을 피해야 한다는 것이다. 새로운 교사는 아이의 형성이나 훈련에 영향을 미치지 않아야 하며, 교사의 모든 믿음은 아이의 잠재된 능력을 전적으로 신뢰해야 한다. 확실히, 교사는 매우 어린 아이들에게 지속적으로 조언하고, 아이들을 시정하거나, 아이들에게 자신이 경험과 문화에 있어서 우월하다는 것을 보여주고 강요하는 무언가 있다. 궁극적으로 새로운 교사는 모든 헛된 노력을 중단해야 한다. 그렇지 않으면 아무런 성과도 얻지 못할 것이다.

- 마리아 몬테소리

[사진 34]
"집중의 끝에는 조용한 기쁨과 자신감이 피어난다."
"At the end of deep concentration,
quiet joy and confidence bloom."

　이 아이의 모습을 처음 발견했을 때, 나는 어리둥절했다. 많은 심리학적 이론이 내 눈앞에서 무너져 내렸기 때문에 이 놀라운 사실, 새롭고 놀라운 미스터리가 실제인지 스스로에게 물었다. 사람들은 아이들은 오랫동안 어떤 물건에도 주의를 집중할 수 없다고 믿었고 나 또한 그렇게 믿었다. 그러나 내 눈 앞에는 가장 깊은 주의력을 가진 네 살 난 여자 아이가 다양한 치수의 꼭지 원기둥을 꼭지 원기둥 틀에 넣고 있었다. 아이는 천천히 조심스럽게 그것들을 집어넣었고, 아무것도 남지 않았을 때 다시 꺼내서 집어넣고 꺼내기를 끝이 없이 계속했다. 나는 이야기를 읽기 시작했다. 아이가 자신의 작업을 열 네 번 이상 반복했을 때, 나는 피아노에 앉아 다른 아이들에게 노래를 불러 달라고 권했다. 여자 아이는 움직이지도 고개를 들지도 않고 똑같은 작업을 계속했고, 주변에서 일어나는 모든 일을 완전히 잊어버린 듯 했다. 드디어 아이는 멈추고 일어났고 만족한 얼굴에는 두 눈이 빛났다. 아이는 마치 충분한 휴식을 취한 듯 따사로운 햇빛을 받고 아침에 일어나듯 행복해하며 미소를 짓고 있었다.

- 마리아 몬테소리

[사진 35]
"정돈된 환경 속에서 아이는 자신의 존재를 실감하며
사랑과 자율성을 경험한다."
"In a well-ordered environment, the child feels their
existence and experiences love and autonomy."

　　새로운 교사는 환경의 간접 교육을 준비하는 데 있어 성실해야 한다. 교사는 분명한 목적을 가지고 교구를 배치하고 아이에게 일상생활의 활동에 대해 지속적으로 소개하며 의식적으로 환경을 준비해야 한다. 교사에게 기대되는 것은 올바른 길을 선택한 아이와 이탈된 아이를 구별할 수 있는 능력이며, 교사의 사랑과 자신감을 실천하기 위해 아이가 요구할 때마다 그곳에 있을 준비가 되어 있어야 한다. 항상 그 자리에 있는 것이 중요하다.

*- 마리아 몬테소리*

[사진 36]
"아이의 집중은 잘 준비된 환경에서 꽃을 피운다."
"The child's concentration blossoms in a
carefully prepared environment."

이제 교육은 오직 이것에 초점을 맞추어야 한다. 즉 스스로의 교육을 통해 아이의 내적 힘을 이용하는 것이다. 그런데 그것이 가능할까? 그것은 가능할 뿐만 아니라 당연히 필요하다. 집중력을 키우기 위해서는 점차적으로 주의력이 자극되어야 한다. 감각에 호소하고, 쉽게 알아볼 수 있고, 아이들에게 흥미를 줄 수 있는 물건으로 다양한 크기와 색깔의 원기둥, 점차성에 따라 다양하게 구별되는 소리, 촉각으로 인식할 수 있는 거친 표면의 교구로부터 시작해야 한다.

- 마리아 몬테소리

## 제10장

### 집중하는 방법을 이해해야 아이를 이해할 수 있다

Dr. 몬테소리는 어린이집<sup>Casa dei bambini</sup>에 있는 아이의 활동을 관찰하면서 작업에 대한 집중도를 이해할 수 있는 도표를 제시하였다. 물론 이 도표는 정확한 과학적 측정이라고 할 수는 없지만 아이의 전체적인 작업의 흐름을 이해하는 데 많은 도움을 줄 수 있다.

"우리는 집중력 즉 정신적인 몰입도를 측정한다는 것이 불가능하다는 것을 잘 알고 있다. 게다가 특정사람이나 서로 다른 직업에 종사하는 사람들의 성공적인 집중력을 식별하고 측정하는 것은 절대적으로 불가능하다. 어떤 방법으로도 곡선을 가지고 어느 고정 값을 재생한다는 것은 가능한 일이 아니다. 차라리 곡선은 일반적으로 질서와 무질서의 변화와 작업의 강렬함을 나타낸다고 할 수 있다. 우리는 여기서 "강렬함"이 주관적이고 전적으로 외적인 신호로만 측정될 수 있다는 견해를 유지한다. 따라서 이러한 곡선은 정확한 과학에서 구성하거나 정밀한 측정의 결과로 얻을 수 있는 것과 같은 양식이 아니다. 우리의 곡선은 단순히 전체를 볼 수 있는 도움을 주는 체계적인 보조물에 지나지 않는다."

도표의 설명은 다음과 같다. 일반적으로 주어진 작업의 실행을 곡선의 도표를 통해서 나타낼 수 있는데 가운데 수평선은 휴식 상태를 나타내고 수평선 위의 공간은 질서 잡힌 활동을 표시하고, 수평선 아래의 공간은 산만해진 활동을 표시한다고 한다. 수평선 사이의 거리는 두 활동의 정도를 표시하고 선의 방향은 시간의 경과를 나타낸다. 이런 식으로, 시간의 경과에 따라 아이들의 질서와 무질서의 정도에 관한 어떤 활동도 나타낼 수 있다. 이러한 데이터는 각각의 아이의 활동의 경향을 파악할 수 있다.

예를 들어 어떤 아이가 교실에 들어가서 잠시 조용히 있다가 작업하러 간다. 곡선은 질서를 나타내는 공간으로 위로 그려진다. 그 후 아이는 피곤을 느껴 활동이 무질서하게 되고 작업 곡선은 휴식 상태를 나타내는 선을 따라 무질서를 나타내는 공간으로 그려진다. 그 후 아이는 새로운 작업을 시작한다. 만약 아이가 처음에 꼭지 원기둥으로 작업을 하고 나서 크레용을 가져와 열심히 그림을 그리면서 곡선은 위로 올라가고 그 후 다른 친구를 방해한다면, 곡선은 다시 아래로 그려진다. 계속해서 아이가 그의 친구들을 귀찮게 하면, 곡선은 계속해서 무질서를 나타내는 곳에 머물러 있다. 아이는 이것도 싫증을 느껴 교실에 있는 악기인 종을 치기 시작하거나 덧셈판의 자를 맞추기 시작하면서 작업을 하게 된다. 이럴 때 곡선은 다시 질서를 나타내는 공간으로 올라간다. 그러나 아이는 작업이 끝나자마자 더 이상 자신을 주체할 줄 모르고 몹시 짜증이 난 상태로 교사에게로 간다.

  이러한 곡선의 유형은 아직은 어떤 것에 든 진지하게 주의를 기울일 수 없고 전혀 자기 자신을 통제할 수 없는 아이의 전형이다. 이 아이는 한 활동에서 다른 활동으로 무질서하게 떠돌아다니며 몇 시간 안에 많은 교구들을 손으로 만지작거리곤 한다. 그후 며칠, 몇 주 또는 몇 달 후에 아이에게서 새로운 활동 곡선을 볼 수 있고 이 때는 아이에게 집중력이 생겼음을 발견할 수 있다.

  다음의 것은 위의 것과는 또 다른 예이다. 신가하게 무질서히지는 않지만 아직 완전히 질서 정연하지 않고 둘 사이의 중간에 자신을 유지하는 아이의 활동을 잘 표현하는 곡선도 있다. 이런 유형의 아이가 교실에 들어오면 아이는 일상생활 영역에서 쉬운 작업을 하는 경향이 있다. 이후에 아이는 그것을 그만 두고 이미 알고 있는 운동을 반복하기 위해 교구 중 이미 익숙한 것을 찾게 된다. 그러나 잠시 후 아이는 피곤을 느끼고 멍하게 바라보면서 곡선은 휴식을 나타내는 평면 아래로 떨어진다. 이러한 패턴은 한 아이 뿐 만 아니라 일반적으로 교실의 많은 아이들에게서 볼 수 있는 현상이다. 이러한 상황일 때 교사는 어떤 태도를 취하는가? Dr. 몬테소리는 이 순간 교사의 역할의 중요성에 대해서 언급한다.

"이 경우 아이와 함께 한 경험이 부족한 교사는 무엇을 할까? 교사는 아이가 일상생활 작업이나 교구 작업을 너무 많이 한 후 피곤해서 집중력이 떨어지면, 그 잘못이 자신 때문이라고 결론을 내릴까? 만약 교사가 다소 마음이 여리고, 일반적 편견으로 아이를 대한다면 교사는 분명히 아이들이 그들의 작업에 완전히 지쳤기 때문에 아이들의 작업을 중단시켜야 한다고 생각할 것이다. 그래서 아이들의 기분을 전환시켜 주기 위해서, 아이들을 모아서 밖으로 데리고 나가 놀 것이다. 하지만 그럴 경우 교사의 기대와는 달리 아이들은 밖에서 미친 듯이 뛰어다니고 이전보다 훨씬 더 산만한 상태가 되어 교실로 다시 돌아올 것이다. 아이들은 계속해서 많은 교구를 교체하며 실제로 거짓된 피로는 지속될 것이다."

아이가 작업을 스스로 선택했다고 해서 누구나 작업에 집중하고 만족하지는 않는다. 사실상 아이는 마음 속 깊은 곳에서 찾고자 하는 무언가를 찾기 전까지는 불안하고 혼란스럽다. 그래서 작업을 반복하면서 모든 관심을 갖고 몰입해야 한다. 아이는 그의 온 존재를 집중해서 작업에 바쳐야 한다. 이럴 때 아이는 비로소 자신 주위에 일어나는 모든 일에서 완전히 자유로워지며 집중할 수 있다. 그러나 교사들은 때로는 이러한 원칙과 반대로 행동을 하고 있다. Dr. 몬테소리는 교사들의 이러한 개입은 아이들을 간섭하고 이끌려고 했고 그렇게 함으로써 아이들의 자연적인 발달을 방해하고 있다고 역설한다. 이것은 아이에 대한 확실한 믿음을 가지고 있지 않기 때문에 어른들이 아이들의 자유를 존중하지 않아서 나온 행

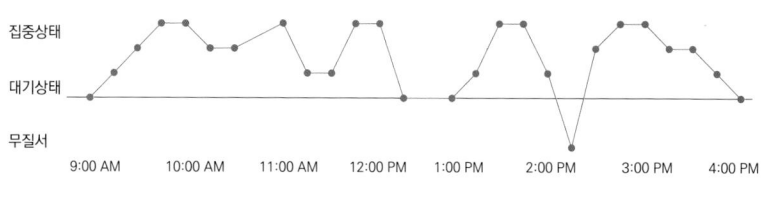

작업집중도 도표

동이라고 역설한다.

"그러나 교사가 아이의 자유를 존중하고 아이에 대한 믿음을 가지고 있다면, 배운 모든 것을 잊을 만큼의 의지가 있고, 자신의 개입이 필수적이라고 생각하지 않을 만큼 겸손하다면, 참을성 있게 기다리는 방법을 안다면, 그러면 교사는 아이의 완전한 변화를 보게 될 것이다."

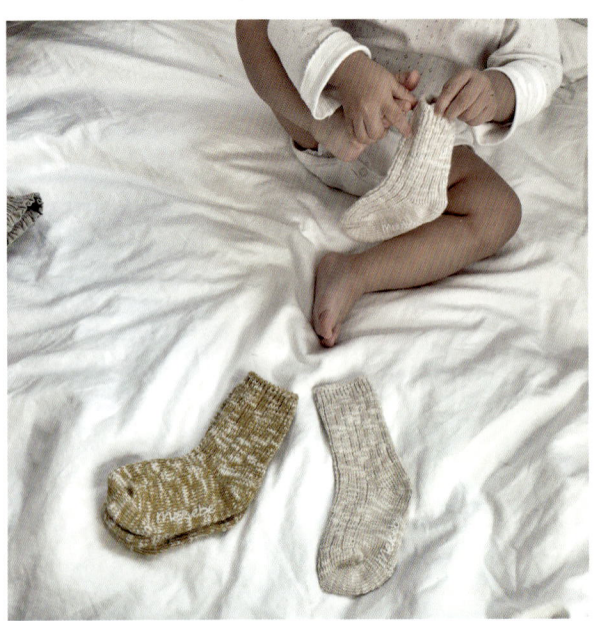

[사진 37]
"작은 양말 하나에도 마음을 다하는 순간,
아이는 스스로를 완성해간다."
"Even in putting on a small sock with care,
the child gradually completes their self."

　아이는 아직 스스로 찾지 못한 마음 속 깊은 곳에서 무언가를 찾을 때까지 불안스럽고 혼란스럽다. 그러나 이것은 아이가 첫 번째 작업보다 훨씬 더 어려운 새로운 일을 시작하지 않는 경우에만 가능하다. 거기에 아이의 모든 관심을 몰입해야 한다. 아이는 그의 온 존재를 집중해서 바쳐야 한다. 동시에, 아이는 자신 주위에 일어나는 모든 일에서 완전히 자유로워져야 한다. 이것이 바로 우리가 말하는 진정하고 위대한 작업이다.

- 마리아 몬테소리

[사진 38]
"기다려주는 어른의 인내가 아이의 자립을 꽃피운다."
"The adult's patience blooms into the child's independence."

교사가 아이의 자유를 존중하고 아이에 대한 믿음을 가지고 있다면, 배운 모든 것을 잊을 만큼의 의지가 있고, 자신의 개입이 필수적이라고 생각하지 않을 만큼 겸손하다면, 참을성 있게 기다리는 방법을 안다면, 그러면 교사는 아이의 완전한 변화를 보게 될 것이다.

- 마리아 몬테소리

[사진 39]
"혼자서 집중하는 순간, 아이는 자신의 세계를 만들어간다."
"In the moment of focusing alone,
the child builds their own world."

아이가 자신의 특별한 일에 몰두할 때 완전한 고독과 모든 것과 모든 사람으로부터 분리되어야 하는 개별적인 내적 욕구가 있어야 한다. 아무도 비밀스럽고 풍요롭고 충만한 비밀 세계를 찾는 은밀한 고립을 달성하도록 도울 수 없다. 다른 사람이 개입하면 파괴된다. 외부 세계로부터 자유로워지면서 얻는 이 정도의 생각은 내면의 정신에 의해 공급되어야 하며, 주변은 그 사람을 평화 속에 남겨 두는 것 외에 다른 어떤 방식으로도 영향을 미칠 수 없다.

- 마리아 몬테소리

[사진 40]
"아이는 스스로를 성장시키는 일을 마친 뒤,
조용한 평화를 누린다."
"After finishing the work of growing,
the child enjoys a quiet peace."

    아이는 위대한 작업을 한 후에 휴식을 취한다. 실제로, 그 때 비로소 진정으로 휴식을 취한다고 말할 수 있다. 아이의 빛나는 평온함과 마음의 평화는 아이가 새로운 진리를 소유하고 있다는 것을 분명히 말해준다. 그런 아이는 피곤한 증상은 보이지 않고 오히려 우리가 특별히 만족스러운 식사나 목욕을 한 후의 모습과 크게 다르지 않은 풍부한 활력의 신체직 신호를 보인다. 이 두 가지는 분명 작업의 형태이지만, 우리의 에너지를 소모 시키기는 커녕, 우리를 새롭게 한다. 따라서, 이렇게 정신에 힘을 주는 정신적인 형태의 작업이 있다. 아이가 그 안에서 휴식을 취할 수 있기 때문에, 우리는 아이에게 위대한 작업을 가능하게 해야 한다.

- 마리아 몬테소리

## 제11장

### 집중은 아이를 빛나게 만든다

　Dr. 몬테소리는 누구나 아이들 내부에 있는 정신의 몰입이라는 집중력을 발견하면서 이것을 가능하게 하는 가장 유리한 외부 조건을 제시할 환경을 신중하게 준비했다. 이러한 집중력을 경험한 아이들의 모습을 Dr. 몬테소리는 다음과 같이 설명하였다.

　"아이가 작업을 끝냈을 때 아이는 분명히 집중력의 도구였던 교구를 내려놓을 것이다. 하지만 이 아이의 외모는 거짓된 피곤함과는 전혀 다를 것이다. 앞선 모습이 지친 모습이라면, 집중을 한 후 아이의 모습은 두 눈이 빛나고, 마치 편히 휴식을 취한 것처럼 보일 것이다. 아이는 새로운 힘에 감동을 받고, 엄청난 에너지를 공급받은 것처럼 보일 것이다… 이런 과정 후에 쉬고 있는 아이는 행복하고 친절하다. 아이는 심지어 교사하고도 자신 있게 대화를 나누고 싶을 수 있다. 이제서야 비로소 자신의 우월성을 느꼈기 때문에 아이의 정신이 열려 있고 아이는 교사를 찾게 된다. 이제서야 아이는 그의 주변환경에서 이전에 아이가 외면했던 것들을 볼 수 있다. 의심할 여지없이 아이는 더 풍요로워지고, 더 수용적이고, 그룹에 대해서도 보다 너그러운 자세가 된다. 새로운 발견에 따라 행동할 에너지를 생산하기 위해서, 아이는 자신의 생각을 집중해야 한다."

　이런 식으로 우리는 정신적인 에너지를 주는 지적인 작업에서 진정한 휴식을 찾도록 아이들을 이끌어야 한다. 집중할 수 있는 능력이 발달할수록 작업에 대한 깊은 평온함이 더 자주 달성되고, 그러면 아이 내부의 규율이 더 명확하게 자리를 잡는다. 이렇게 자기 규율을 가진 아이들은 자연스럽게 정신적으로도 성장을 한다. 이 단계에 도달한 아이들은 매우 작업 지향적이 되어, 할 일 없이 빈둥빈둥 생활하는 것은 생각지도 못한다. 그리고 무언가를 기다릴 때도 게으르지 않고 언제나 활동적인 경향을 보인다. Dr. 몬테소리는 이 때는 아이들이 더 이상 외부 세계와 휩쓸리지 않는 작업이 아이 안에서 진행되며 아이는 내적인 평온함으로 주변에서 일어나는 일을 지켜보면서 아주 작은 세부 사항도 구체적으로 정리하며 그 가운데서 새로운 것들을 발견할 수 있다라고 하였다. Dr. 몬테소리는 이러한 집중력을 다음과 같이 3가지 단계로 구분하였다.

"집중력은 세 가지 뚜렷한 단계로 구분되어 있다. 첫번째 단계는 준비기이다. 두번째 단계는 물리적 대상을 포함하는 위대한 활동 그 자체인 작업기이다. 세번째 단계는 아이가 작업에 대한 큰 만족과 명료함을 성취하는 단계로 이 때 우리는 이 시기의 희미한 특징을 외부에서 발견할 수 있다. 왜냐하면 이 시기 아이에게서 전에는 보지 못했던 모습을 보게 된다. 아이는 대단히 순종적이 되고 기의 상상할 수 없는 인내심을 갖게 된다. 이것은 특히 놀라운 현상인데 왜냐하면 아이는 어른으로부터 기다리라는 공식적인 지시나 순종의 요구도 제시되지 않은 상태에서 스스로 자연적으로 순종하는 행동이 나타나기 때문이다."

집중할 수 있는 능력이 발달할수록 아이는 작업에 대한 깊은 평온함이 달성되고 내부의 규율이 더 명확하게 자리를 잡는다. 또한 정신적으로도 성장하여 스스로 자발적으로 순종할 수 있는 아이로 자라게 된다.

"어릴 때 몸의 중심을 잡지 못하는 아이는, 매우 불안정한 자세로 움직이며 자신의 몸을 통제할 수 없다. 하지만 만약 아이가 신체의 균형을 유지하는 법을 배우게 되면, 아이는 달리기도 하고, 뛰고, 좌 우로 돌기도 할 것이다. 정신 세계에서도 마찬가지다. 정신적으로 중심이 잡혀 있지 않아 생각을 가다듬을 수 없는 아이는 스스로에 대한 통제력이 없다. 자신의 의지에 굴복할 수 없는데 어떻게 다른 사람의 뜻에 순종할 수 있겠는가? 순종은 내적 균형을 전제로 하는 정신적으로 활발한 형태이다. 이러한 순종은 어려움을 이겨내는 힘으로부터 발생하며, 적응이라는 용어를 통해 가장 잘 표현된다... 이런 이유로 아이들은 철저히 강한 존재가 되어야 하고 순종할 수 있도록 정신적 균형을 가져야 한다. 자연에서 강한 생명체는 환경에 보다 잘 적응할 수 있다. 비슷한 방식으로 강한 정신만이 순종할 수 있고 모든 것에 적응하는 방법을 알게 될 것이다.

그러므로 아이가 본성의 법칙에 따라 성장할 수 있는 가능성을 주어, 아이가 강해질 수 있고, 강하게 될 때 아이들은 우리가 바라는 것보다 더 많은 일을 할 수 있다. 자유롭고 평화스런 환경 속에서 집중하며 본질적 기능을 발휘할 수 있었던 아이는 얼마나 놀랍게 성장했던가! 그 나머지 모든 것은 그 결과이다. 아이는 원하는 대로 움직일 수 있고 자신을 관찰할 수 있고 자기 몸을 지배하게 되었다. 우리는 아이가 완벽하게 조용할 수 있다는 사실로 이 지배에 도달했다는 것을 알 수 있다. 이렇게 아이가 습득할 수 있는 능력은 종종 어른의 능력보다 우수하다. 그러나 우리는 아이가 어떻게 이러한 발달을 이루었는지, 그 성공은 어떤 환경에서 가능했는지, 환경에 의해 행해진 역할을 잊어서는 안 된다.

나는 집중력이 생기는 원칙을 먼저 제시하고 그에 대한 교육 방법을 형성한 것이 아니라는 것을 반복해서 강조한다. 도리어 아이를 통해서, 자유가 존중된 아이들을 바로 가까이에서 관찰하면서 발견한 것이다. 내가 보편적인 가치라고 이해하는 내적 존재 법칙의 일부를 그들을 통해서 발견한 것이다. 이 같은 아이들은 스스로 힘을 키울 수 있는 길을 찾고, 가장 확실한 본능으로 그 능력을 발휘한 것이다."

[사진 41]
"아이는 식탁에서도 주도성을 가지고 삶을 살아가는 법을 배운다."
"Even at the table, the child learns to live life with a sense of initiative."

 

아이가 어떻게 규율을 형성하는지 하나의 사례가 있다. 자기 규율을 가진 아이들은 자연스럽게 정신적으로도 성장을 한다. 이 단계에 도달한 아이들은 매우 작업 지향적이 되어, 할 일 없이 살아가는 것은 생각지도 못한다. 그리고 무언가를 기다릴 때도 게으르지 않고 언제나 활동적인 경향을 보인다.

- 마리아 몬테소리

[사진 42]
"아이를 깊이 관찰하면, 내면의 질서와 집중이
어떻게 자라나는지 눈앞에서 확인하게 된다."
"When we observe the child deeply, we witness how
inner order and concentration grow before our eyes."

    나는 이 (집중력이 생기는) 원칙을 내가 먼저 제시하고 그에 대한 교육 방법을 형성한 것이 아니라는 것을 반복해서 강조한다. 도리어 아이를 통해서, 자유가 존중된 아이들을 바로 가까이에서 관찰하면서 발견한 것이다. 내가 보편적인 가치라고 이해하는 내적 존재 법칙의 일부를 그들을 통해서 발견한 것이다. 이 같은 아이들은 스스로 힘을 키울 수 있는 길을 찾고, 가장 확실한 본능으로 그 능력을 발휘한 것이다.

– 마리아 몬테소리

[사진 43]
"충분히 집중한 아이는 스스로 질서 있고 존중하는 행동을 선택한다."
"A fully focused child chooses
orderly and respectful behavior on their own."

    집중력은 세 가지 뚜렷한 단계로 구분되어 있다. 첫번째 단계는 준비기이다. 두번째 단계는 물리적 대상을 포함하는 위대한 활동 그 자체인 작업기이다. 세번째 단계는 아이가 작업에 대한 큰 만족과 명료함을 성취하는 단계로 이 때 우리는 이 시기의 희미한 특징을 외부에서 발견할 수 있다. 왜냐하면 이 시기 아이에게서 전에는 보지 못했던 모습을 보게 된다. 아이는 대단히 순종적이 되고 거의 상상할 수 없는 인내심을 갖게 된다. 이것은 특히 놀라운 현상인데 왜냐하면 아이는 어른으로부터 기다리라는 공식적인 지시나 순종의 요구도 제시되지 않은 상태에서 스스로 자연적으로 순종하는 행동이 나타나기 때문이다.

- 마리아 몬테소리

[사진 44]
"몸의 균형을 익혀가듯,
마음의 균형도 집중을 통해 차곡차곡 세워진다."
"Just as balance is learned in the body,
emotional balance is steadily built through concentration."

몸의 중심을 잡지 못하는 아이는 넘어 질 까봐 걷지도 않고 두려워 팔을 쓰지도 않는다. 이 아이는 매우 불안정한 자세로 앞으로 걸을 뿐이다. 하지만 만약 아이가 신체의 균형을 유지하는 법을 배우게 되면, 아이는 달리기도 하고, 뛰고, 좌 우로 돌기도 할 것이다. 정신 세계에서도 마찬가지다. 정신적으로 중심이 잡혀 있지 않아 생각을 가다듬을 수 없는 아이는 스스로에 대한 통제력이 없다. 자신의 의지에 순종할 수 없는데 어떻게 다른 사람의 뜻에 순종할 수 있겠는가? 순종은 내적 균형을 전제로 하는 정신적으로 활발한 형태이다. 이러한 순종은 어려움을 이겨내는 힘으로부터 발생하며, 적응이라는 용어를 통해 가장 잘 표현된다.

- 마리아 몬테소리

## 제12장

## 환경이 교육을 만든다

 이제까지 앞선 장에서 우리는 집중력에 대해서 논의를 해왔다. 집중력을 길러주기 위한 가장 유리한 외부 조건을 제시할 환경은 무엇일까? 우선 환경의 중요성의 일반론에 대해서 이야기를 해보자. 환경은 생명체에게 중요하다. 환경이 살아있는 생명체에게 미치는 엄청난 영향은 곤충이 일상적으로 사는 환경을 연구함으로써 곤충의 삶에 새로운 통찰력을 제시한 파브르의 연구를 기반으로 특히 정당화될 수 있다. 이러한 관점에서 본다면 아이들은 어른들 중심의 세상에 살고 있기 때문에 아이들에게 적합한 환경은 아니다. 이 불평등은 현대의 아이들의 삶에 몇 가지 특징적인 결과를 가져온다. 예를 들어, 아이는 자신을 둘러싸고 있는 일상생활의 생활 용품들이 너무 커서 아이들 자신과 물건들 사이의 관계를 파악하지 못하고 일상생활에 참여하면서 자연적인 발달을 이룰 수 없다. Dr. 몬테소리는 이러한 점을 고려하여 부모들에게 다음과 같이 당부한다.
 "이러한 환경적 불균형은 크기의 차이 뿐 만 아니라 아이의 움직임의 민첩성에도 영향을 미치기 때문에 중요하다. 놀랍도록 능숙한 자신의 묘기를 수행하는 마술사를 상상해보자. 만약 누군가가 그를 흉내 내려고 한다면, 그를 따라하는 것은 사실상 불가능할 것이기 때문에 그는 누군가 하고 있는 것을 보고 시시해 할 것이다. 만약 누군가가 느릿느릿 그처럼 행동하려고 한다면, 그는 분명히 인내심을 잃게 될 것이다. 우리라고 아이들에게 다르게 행동하는가? 나는 모든 어머니에게 아직 서너 살 된 어린 아이지만 스스로 씻고, 스스로 옷을 벗고, 원하는 대로 스스로 먹도록 하게 하라고 간단한 조언을 드리고 싶다.
 만약 우리가 이제껏 아이들이 살아왔던 것과 같은 환경에서 하루라도 살아야 한다면, 우리 역시 고통스럽고 불편할 것이다. 우리는 자신을 방어하는 데 모든 에너지를 낭비하고 항상 같은 말로 되풀이할 것이다: "아니, 날 내버려 둬요. 난 어떤 것도 하고 싶지 않아요!" 결국 나를 방어할 다른 수단이 없기 때문에 울음을 터뜨릴 것이다. 하지만 어른들은 도리어 나에게 이렇게 말한다: "저 아이는 구제불능이예요! 쟤는 일어나기 싫어하고, 쟤는 낮잠도 안 자요. 쟤는 항상 '안 할 거야! 안 할 거야!'만 입버릇처럼 반복해요."

만약 이 어른들이 가정에서 아이의 크기와 아이의 에너지, 그리고 정신 능력에 맞는 환경을 준비한다면 아이는 자유로워지고 교육 문제의 해결에 큰 발걸음을 내딛게 될 것이다. 아이는 자신만의 환경을 갖게 될 것이다.

신체적 건강을 위해 따라야 할 명확한 규칙이 있지만 정신적 건강에 대한 규칙은 더 큰 영역으로 확장되어야 하며 아직 제대로 이해되지 않았다. 아이들은 먹는 것만 필요하지 않다. 아무도 방해하지 않고 아이들 스스로 어떤 행동을 달성할 때의 아이가 얻는 기쁨은 우리에게 아이들이 자신 내부에 커다란 내적 욕구가 있음을 나타내는 표시이다. 아이들의 활동을 억제하는 대신 어른들은 아이가 그것을 발달시킬 수 있는 수단을 만들어야 한다.

...우리는 아이에게 혼자서 사용할 수 있는 환경을 주어야 한다. 작은 세면대, 작은 의자, 열고 닫는 서랍, 작동할 수 있는 일반적인 용도의 물건들, 그리고 스스로 접고 펼 수 있는 매력적인 담요 밑에서 잠잘 수 있는 작은 침대를 주어야 한다. 우리는 아이에게 놀면서 생활할 수 있는 환경을 주어야 한다. 그러면 아이가 하루 종일 자신의 손으로 작업을 하며, 자신의 옷을 벗기 위해 차분하게 기다리고, 자신의 침대에 스스로 눕는 것을 볼 것이다. 아이는 가구의 먼지를 털고, 주위 환경을 정돈하고, 잘 먹고, 잘 입고, 울거나 짜증, 투정을 부리는 일없이 사랑스러울

정도로 차분하고 평온하며 순종적인 아이가 될 것이다.

새로운 교육은 아이를 위해 적응할 수 있는 환경을 준비하고, 일반적으로 아이가 자기 자신을 위한 작업과 질서를 사랑한다는 것을 알고 있다. 그것은 또한 아이를 관찰할 수 있는 필요한 기회를 제공하고 이제 막 펼쳐 지기 시작한 아이의 영혼이 특별히 중요하다는 것을 인식한다. 새로운 교육의 방법은 정신의 길이며 그것은 이미 신체 건강에 대해 알려진 것을 무시하지 않고, 지식을 활용하고 새로운 발달을 위해 그것을 이용한다. 인간 존재의 정신적 측면은 우리에게 가장 중요하다. 이것이 새로운 교육의 기초이다."

새로운 교육은 아이의 정신을 단련시킬 수 있는 교육이어야 한다. 아이의 정신에 대한 승리는 아이가 스스로 움직이는 활동량에 달려있다. 이를 위해서 아이가 접근할 수 있는 환경이 가장 중요하다. 그렇다면 어떤 환경을 준비할 것인가? Dr. 몬테소리는 다음과 같이 아이들의 환경을 위한 기본 원칙을 제시하였다.

"아이들을 위해 지어진 학교에는 집에서 가구를 옮기는 것과 같은 쉬운 방법으로 아이들이 가구를 옮길 수 있도록 적당한 크기에 맞게 집기를 갖춰야 하고 아이들의 체력에 맞게 조정되어야 한다. 여기에 기본적인 원칙이 있다. 가구는 가볍고 아이가 쉽게 움직일 수 있는 방식으로 배열되어야 하며 그림은 아이가 편안하게 볼 수 있는 높이에 걸어야 한다. 매트에서 시작하여 꽃병, 접시 및 기타 아이들의 활동에 필요한 모든 주변 물건에 이러한 원칙을 적용해야 한다. 아이는 가정에서 접하는 모든 것을 사용할 수 있어야 하며 평소 생활에서 접하는 일상적인 일들 즉 쓸기, 매트 청소하기, 빨래하기, 스스로 옷 입기 등을 할 수 있어야 한다. 아이를 둘러싼 물건들은 튼튼하고 매력적으로 보여야 하며, "아이가 생활하는 집"은 모든 면에서 아름답고 쾌적해야 한다. 가정의 아름다움이 가정의 화합을 키워 준다는 것을 어른들이 알고 있듯이 학교의 아름다움은 아이들에게 활동과 작업으로 이끌어 준다. 이렇듯 환경의 아름다움과 아이의 활동 사이에는 밀접한 대응 관계가 있다고 말할 수 있다. 아이는 불쾌한 환경보다는 기분 좋은 환경에서 더 자발적으로 발견을 할 것이다.

아이들은 스스로 이러한 것들을 직관적으로 잘 인식한다. 샌프란시스코에 있는 몬테소리 학교에 다니는 한 아이가 어느 날 주립 학교를 방문하고 책상에 먼지가 많다는 것을 즉시 알아 차렸다. 아이는 선생님에게 말했다. "왜 아이들이 먼지를 닦지 않고 책상 위를 지저분하게 두는지 아나요? 예쁜 걸레가 없어서 예요. 아이들은 그것 없이는 청소하고 싶지 않거든요."

아이가 사용할 가구는 실제로 닦을 수 있어야 한다. 이에 대한 동기는 단지 위생적인 것이 아니다. 진짜 이유는 닦을 수 있는 가구가 아이들이 하고 싶어 하는 일의 기회를 기꺼이 제공하기 때문이다. 아이들은 주의를 기울여 얼룩을 닦는 법을 배우고, 시간이 지나면 주변의 모든 것까지 청소하는 일에 익숙해진다.

사람들은 나에게 항상 책상을 옮길 때 소음을 줄이기 위해 책상 다리 밑에 고무로 된 소음방지 패트를 붙이라고 한다. 나는 그냥 두는 것이 더 좋다. 왜냐하면 그것은 어떤 급한 행동을 할 경우 그러한 행동을 알아 차리게 하는 표시이기 때문이다. 아이들은 질서 정연하게 움직이는 습관을 들이지 않는다면 자신의 움직임을 잘 통제하는 방법을 모른다. 어른들과는 달리 아이들의 근육은 신체적 질서와 조절하는 법을 아직 배우지 않았기 때문에 무질서한 움직임을 만들어 낸다.

'어린이의 집'에서는 아이의 갑작스러운 동작 하나하나가 의자와 책상의 소음에 의해 드러나고, 마침내 아이는 스스로 자신의 몸의 움직임을 알게 된다. 유리, 접시, 꽃병 등 일정 수의 깨지기 쉬운 물건도 있어야 한다. 그럴 경우 대부분의 어른들은 이렇게 말할 것이다. "어머나 세상에? 세 살과 네 살 된 아이들의 손에 유리를 주네요! 아이들은 반드시 그것을 깨뜨려 버릴 거예요!" 이 말의 의미를 생각하면 그들은 아이보다 물건을 더 중요하게 생각하는 것 같다. 몇 센트의 가치가 있는 물건이 아이들의 신체적인 훈련보다 더 소중해 보이는 것 같다.

이런 실제 물건이 있는 가정의 아이는 자신의 몸을 가능한 한 조절하려는 경향이 있고 자신의 움직임을 통제하려고 한다. 이런 식으로, 아이는 외부의 잔소리와 같은 자극없이 완벽을 향해 스스로 길을 걷기 시작한다. 때로는 그 길이 아이에게 자연스럽고, 아이도 그것을 좋아한다는 증거처럼 아이에게서 새로운 기쁨과 위엄을 볼 수 있고, 믿을 수 없을 정도의 예의를 갖춘 모습을 볼 수 있다. 정말로, 3세 된 아이에게 어떤 일이 있을 것인가? 그것은 성장이다. 아이는 인간이 되는 것이다. 어른들은 아이가 스스로 완벽하게 되도록 돕기 위해 모든 것을 해야 한다. 다시 말해서, 연습이 발달을 이끌기 때문에 아이가 해야 할 일들에 대해 아이를 연습할 수 있도록 해야 한다. 아이는 스스로 손을 씻는 즐거움보다는, 동작을 완성하는 데 필요한 일을 하면서 더 즐거워한다. 이미 이러한 행동이 생명이고, 이것이 아이의 모든 힘의 원천이다.

  일과 에너지를 통해 자신을 완벽하게 완성하려고 노력하고, 발달하려는 아이의 삶을 직면할 때 어른들은 무엇을 해야 할까? 종종 어른들은 모든 힘으로 아이의 실현을 방해한다. 예를 들어, 많은 학교에서 책상과 의자는 바닥에 고정되어 있다. 아이들은 활기가 넘치고 동작이 서툴지만, 만약 가구들이 고정되어 있지 않았다면 가구를 망가뜨리지는 않을 것이다. 가구를 고정시켜 놓으므로 어른들은 확실한 질서를 얻지만, 아이들은 그들의 신체를 조절해서 질서를 유지하는 기술을 얻지 못할 것이다. 우리는 아이에게 바닥에 던져도 깨지지 않는 금속 컵이나 접시를 줄 수도 있지만, 그것은 아이에게 던지고 싶은 유혹을 부추기는 것이다. 이렇듯 어른들은 단지 그것이 일어나지 않게 간단한 방법으로 불편함을 피하려고 애를 쓰지만, 거기에 진짜 관련된 유일한 존재인 아이는 그의 미숙함을 단련시킬 기회를 얻지 못하는 것이다. 그리고 이 아이는, 자신의 실수를 계속 할 것이라는 당연한 사실과 단련되어야 하는 자연적 발달에도 방해가 될 것이다. 스스로 무언가를 하고 싶어하는 아이는 무척 협조적이고 활기가 넘친다. 하지만 이 때조차도 아이가 힘들어하는 것을 어른들이 보면, 즉시 개입해서 일을 끝내도록 한다.

  아마도 어른들의 유혹의 목소리는 이럴 것이다. "너는 혼자서 씻고 싶어하고 혼자서 옷을 입고 싶어하지만, 그건 쉽지 않단다. 내가 여기 있으니까 네가 원하는 것은 무엇이든지 해줄 수 있어." 이럴 경우 어른들에게 자신의 의지를 빼앗긴 아이들은 매우 힘든 상황에 빠지게 된다. 도리어 어른들은 자신들이 아이를 위해 일을 했기 때문에 도움이 될 것이라고 믿으며 잘못된 행동을 정당화한다.

  우리는 인생의 첫 몇 년 동안, 깨거나 더럽혀서는 안 될 물건 밖에 없는 집에서, 자신을 극복하기 위한 연습을 시도하거나 가정에서의 일상생활을 배울 수 없는 아이에게 어떤 일이 일어나는지 생각해 보아야 한다. 아이는 필요한 많은 경험을 박탈당할 것이고 아이의 삶은 항상 이 부족함을 드러낼 것이다.

  또한 아무것도 스스로 처리하지 못하는 아이가 있다. 이 아이는 항상 안절부절 못하고 시무룩하고, 전혀 씻으려 하지 않으며, 부모는 그들을 내버려두고 절대 방해하지 않는다. 많은 사람들은 이 부모가 선하고 참을성이 있기 때문에 아이의 이런 행동을 매일 참아주는 것이라고 말한다. 하지만 이것이 정말 선한 것인가? 이것은 선에 대한 참으로 잘못된 생각이다!

진정한 선함은 모든 종류의 일탈을 참는 것이 아니라 그것을 피할 수 있는 방법을 찾는 것이다. 그것은 아이에게 본성에 맞게 살 수 있는 가능성을 확장시키는 모든 행동으로 이어져야 한다. 그것은 아이에게 살아가는데 필요한 능력을 키워주는 것이다. 아이는 미약한 작은 생명체이며, 아무것도 가지고 있지 않기 때문에 아이가 필요한 것을 얻을 수 있도록 방법을 알려주어야 한다. 이것이 선함과 동정심이다.

아이의 반응이 나타나는 환경에서 아이를 관찰할 때, 우리는 아이가 자신의 자아 완성을 위해 스스로 일하는 것을 본다. 올바른 방법은 그가 고르는 물건 뿐 만 아니라 이러한 물건을 통해 자신의 실수를 깨닫는 능력에 의해 나타난다. 그렇다면 어른들은 무엇을 해야 하는가? 결국 아무것도 없다.

사실, 우리는 지금까지 아이에게 필요한 것들을 주려고 노력을 기울였다. 하지만 이제 아이를 따라다니며 개입하거나 피곤하게 만들지 않고 멀리 떨어져서 우리 자신을 다루는 법을 배워야 한다. 아이들은 자신에게 중요한 일에 몰두할 때는 언제나 침착하다. 또한 힘들지만 그 일을 해냈을 때는 매우 큰 자기 만족을 느낀다. 이 때 어른들이 해야 할 일이 관찰하는 것 외에 무엇이 있겠는가? 그래서 나는 아이들은 수동적인 자세를 유지하고 교사들만 적극적인 역할을 하는 평범한 일반 학교와는 정반대로, 교사는 관찰자 역할을 수행하고 아이들이 주도적으로 자신의 발달을 위해 활동을 하는 학교를 만들었다. 아이들이 발달하면 할수록 교사의 역할은 관찰자 역할로 더 많이 제한되어 진다.

이와 관련해서 우리 학교 중 한 곳에서 재미있는 일화가 있었다. 어느 날 학교 관리인이 학교 문을 여는 것을 잊었다. 아이들은 학교에 들어갈 수 없어서 매우 슬퍼했다. 결국 선생님은 아이들을 학교의 작은 창문을 통해서 들어가게 했다. 그리고 "너희들은 창문을 통해 들어갈 수 있지만 나는 들어갈 수 없구나"라고 말했다. 그래서 아이들은 창문을 통해 교실로 들어갔고 선생님은 밖에서 아이들을 지켜 보는 것에 만족했다.

아이들이 스스로 할 수 있도록 안내되고, 스스로의 능력을 발휘할 수 있도록 수단을 제공하는 활기찬 환경은, 교사가 일시적으로 자리를 비워도 교실은 운영될 수 있다. 그러한 환경을 만들어 주는 것이야 말로 이미 커다란 발달을 실현시켜 주고 있는 것이다."

[사진 45]
"준비된 환경은 아이의 손을 이끌고, 손은 마음을 이끈다."
"A prepared environment guides the hand,
and the hand guides the heart."

　아이는 가정에서 접하는 모든 것을 사용할 수 있어야 하며 평소 생활에서 접하는 일상적인 일들 즉 쓸기, 매트 청소하기, 빨래하기, 스스로 옷 입기 등을 할 수 있어야 한다. 아이를 둘러싼 물건들은 튼튼하고 매력적으로 보여야 하며, "아이가 생활하는 집"은 모든 면에서 아름답고 쾌적해야 한다. 가정의 아름다움이 가정의 화합을 키워 준다는 것을 어른들이 알고 있듯이 학교의 아름다움은 아이들에게 활동과 작업으로 이끌어 준다. 이렇듯 환경의 아름다움과 아이의 활동 사이에는 밀접한 대응 관계가 있다고 말할 수 있다. 아이는 불쾌한 환경보다는 기분 좋은 환경에서 더 자발적으로 발견을 할 것이다.

- 마리아 몬테소리

[사진 46]
"스스로 하도록 기다려주는 것, 그것이 진정한 사랑의 표현이다."
"Waiting for the child to do it themselves—
this is the true expression of love."

아마도 어른들의 유혹의 목소리는 이럴 것이다. "너는 혼자서 씻고 싶어하고 혼자서 옷을 입고 싶어하지만, 그건 쉽지 않단다. 내가 여기 있으니까 네가 원하는 것은 무엇이든지 해줄 수 있어." 이럴 경우 어른들에게 자신의 의지를 빼앗긴 아이들은 매우 힘든 상황에 빠지게 된다. 도리어 어른들은 자신들이 아이를 위해 일을 했기 때문에 도움이 될 것이라고 믿으며 잘못된 행동을 정당화한다.

— 마리아 몬테소리

[사진 47]
"아이는 일하는 법을 배우며, 자신의 몸과 마음을 조율해 나간다."
"By learning how to work, the child coordinates body and mind."

　이런 실제 물건이 있는 가정의 아이는 자신의 몸을 가능한 한 조절하려는 경향이 있고 자신의 움직임을 통제하려고 한다. 이런 식으로, 아이는 외부의 잔소리와 같은 자극없이 완벽을 향해 스스로 길을 걷기 시작한다. 때로는 그 길이 아이에게 자연스럽고, 아이도 그것을 좋아한다는 증거처럼 아이에게서 새로운 기쁨과 위엄을 볼 수 있고, 믿을 수 없을 정도의 예의를 갖춘 모습을 볼 수 있다. 정말로, 3세된 아이에게 어떤 일이 있을 것인가? 그것은 성장이다. 아이는 인간이 되는 것이다. 어른들은 아이가 스스로 완벽하게 되도록 돕기 위해 모든 것을 해야 한다. 다시 말해서, 연습이 발달을 이끌기 때문에 아이가 해야 할 일들에 대해 아이를 연습할 수 있도록 해야 한다. 아이는 스스로 손을 씻는 즐거움보다는, 동작을 완성하는 데 필요한 일을 하면서 더 즐거워한다. 이미 이러한 행동이 생명이고, 이것이 아이의 모든 힘의 원천이다.

- 마리아 몬테소리

[사진 48]
"말 대신 눈으로 돕는 교사, 아이의 자립은 그 침묵 속에서 자란다."
"A teacher who helps with eyes instead of words
allows the child's independence to grow in silence"

    사실, 우리는 지금까지 아이에게 필요한 것들을 주려고 노력을 기울였다. 하지만 이제 아이를 따라다니며 개입하거나 피곤하게 만들지 않고 멀리 떨어져서 우리 자신을 다루는 법을 배워야 한다. 아이들은 자신에게 중요한 일에 몰두할 때는 언제나 침착하다. 또한 힘들지만 그 일을 해냈을 때는 매우 큰 자기 만족을 느낀다. 이 때 어른들이 해야 할 일이 관찰하는 것 외에 무엇이 있겠는가? 그래서 나는 아이들은 수동적인 자세를 유지하고 교사들만 적극적인 역할을 하는 평범한 일반 학교와는 정반대로, 교사는 관찰자 역할을 수행하고 아이들이 주도적으로 자신의 발달을 위해 활동을 하는 학교를 만들었다. 아이들이 발달하면 할수록 교사의 역할은 관찰자 역할로 더 많이 제한되어 진다.

                                                                                  - 마리아 몬테소리

## 제13장

### 어른이 준비되어야
### 아이도 바르게 자란다

　인간은 사회적 환경에서 살고 있으며, 이 환경은 어떤 결정적 정신적 힘이 작용하고 있음을 느끼게 한다. 즉 그것은 사회적 삶을 구성하는 인간들 간의 상호관계이다. 이러한 상호관계를 형성하는 사회에 적응하지 못하는 사람은 자신의 능력을 정상적으로 발달시킬 수 없다. 따라서 아이들에게는 물적 환경만큼이나 인적 환경이 중요함을 Dr. 몬테소리는 강조했다. 그렇다면 지금껏 어른과 아이는 어떤 관계를 형성해 왔는가?
　"지금까지, 부모들이 아이들에게 실행하는 대부분의 교육은 아이들의 부족함을 바로 잡고, 선하고 옳은 것을 가르치는 것이었다. 이러한 방법이 충분하지 않다면, 아이를 야단 치거나 때려서 라도 가르쳤다. 그러나, 이것은 어떤 이유로도 정당화될 수 없다. 가족사회 보다 더 체벌에 의지하지 않고 평화를 사랑해야하는 사회는 없다."
　하지만 한편으로는 이해가 간다. 그러한 의무는 부모들에게 두 가지 책임에 대한 부담을 안겨주었다. 부모들은 무방비 상태의 아이들의 힘을 길들이기 위해 비타협적 권위를 과시해야 했고, 더 나아가 지속적으로 아이들 앞에서 모범적인 역할을 해야 했다. 속담에 이르듯이 "요람을 흔드는 손이 세상을 지배한다." 부모는 아이가 어떻게 성장할 것인지를 결정하는 데 있어 자신들의 역할을 충분히 잘 이해하는 것 같다. 그러나 자신의 어린 시절에 가장 단순한 일조차 연습과 인내로 배웠음을 알고 있는 어머니는 아직도 이 행동을 자신의 자녀교육에 적용하지 못하고 있다. 자신의 어린 시절을 통해 많은 것을 배운 아버지도 아이의 인격이 어떻게 형성되는지 깊게 생각하지 않고, 아이를 주의 깊게 관찰하지 않는 것 같다.
　그 결과, 부모의 막중한 책임은 종종 방기하게 된다. 그것이 무심코든, 무분별하게 최선을 다하든, 혹은 과거의 경험들이 처음부터 공허했기때문에 생생함이 부족해서 든 말이다.

물론 갑자기 부모들이 아이들의 흉내를 낼 만한 모든 것의 완벽한 모델이 되는 것은 어렵다. 아이가 태어나 새로운 가족이 생겨나기 전까지, 부모들은 파트너끼리 서로의 결점을 경쟁적으로 지적하기도 했다. 그리고 그들은 아이로 인하여 갑자기 완벽해 져야 한다는 새로운 의무에 직면하게 된다. 부모들은 스스로의 결점을 고쳐야 하고, 벌을 주어서라도 아이들을 개선시키려 하고, 무엇보다도, 자신의 완벽함의 모델링을 통해서 아이들을 교육시켜야 하는 자녀 교육이라는 과제가 주어진 것이다. 이처럼 일상 생활의 어려움과 모순은 여기서 우리가 자세히 논의할 수 없는 상황의 많은 실례를 만들어 낸다."

그리고 Dr.몬테소리는 언행이 일치되지 않는 모순적인 어른들의 행동에 대해서 자세히 관찰한 내용을 언급한다.

"어느 날 저녁, 한 어머니는 평소 주변에서 훌륭한 어머니로 인정받아 왔는데 그녀의 아이와 문제가 생겼다. 취침시간이 되어 어머니는 아이가 잠자리에 들기를 원했다. 아이는 자기가 시작한 일이 있는데 그것을 끝내고 자게 해 달라고 애원했지만, 어머니는 허락하지 않았다. 아이는 결국 잠자리에 들었다. 하지만 아이는 쉽게 잠을 청할 수 없었고 결국 자신이 하던 일을 끝내려고 다시 일어났다. 어머니는 그런 모습을 발견하고 아이가 자신을 속이려 했다고 심하게 꾸짖었다. "나는 엄마를 속인 것이 아니예요." 아이가 대답했다. "단지 이것을 끝내고 싶었어요." 실랑이가 오가자 대화를 중단하기 위해 어머니는 아이에게 사과하라고 명령했다. 그러나 아이는 "속이다" 라는 말이 억울했는지 계속 항의를 했다. 아이는 자기는 아무도 속이지 않았고 왜 자신이 사과를 해야 하는지 알지 못하겠다고 말을 했다. "그래 좋아, 너는 나를 사랑하지 않는구나"고 어머니가 말했다. "하지만 엄마, 나는 엄마를 아주 사랑하는데, 내가 옳은데 왜 사과해야 하나요!"고 울먹였다. 이 경우 아이는 어른처럼 말하고 어머니는 아이처럼 말한 것 같다.

　다음은 목사님과 어린 딸에 대한 또 다른 예이다. 매주 일요일 아이는 목사님이신 아버지를 따라서 교회에 가서 설교를 듣곤 하였다. 어느 일요일, 목사님은 예수님의 동정심에 대해 설교하면서 모든 사람은 형제이며 예수님을 기억하고 영원한 구원을 원한다면 가난한 사람과 고통받는 사람을 사랑해야 한다고 설교를 하였다. 어린 딸 아이는 깊이 감동하여 교회를 떠났고, 집으로 가는 길에 거리에서 상처를 입은 불쌍한 소녀를 만났다. 그 소녀는 허름하고 때묻은 옷차림을 하고 돈을 구걸하고 있었다. 딸 아이는 그 소녀에게 달려가 포옹하며 진심으로 키스했다. 옆에 있던 목사님 부부는 자신의 딸 아이가 갑자기 길거리 걸인 소녀에게 다가가 안아주고 입을 맞추니 겁에 질렸다. 서둘러 아이를 떼내면서 아이의 행동에 대해 꾸짖었다. 모두 집에 도착했을 때 부모는 딸 아이를 뜨거운 물로 닦아주고 옷을 갈아 입혔다. 그때부터 아이는 아버지의 설교는 자신의 삶에 영향을 미치지 않는, 다른 사람의 이야기처럼 무관심하게 들었다."

　이러한 일화에서 처럼 부모와 자식 간의, 일관성 없는 관계에서 비롯되는 수많은 다른 갈등들의 사례들이 있다. Dr. 몬테소리는 이러한 태도들을 보면 아이들의 정직하고 순수한 에너지들이 얼마나 낭비되고 있는가 개탄을 한다.

　"어른들의 겉치레와 진실되지 않은 태도는 아이에 관한 한 우리를 잘못된 위치에 놓이게 하고 결국 부모와 아이들 사이의 실제적인 갈등으로 끌고 간다. 이것으로 인해 어른들과 아이들 사이에 깊은 골이 생기고 아무도 그것을 메울 수 없다. 비록 싸움에서 강한 자가 대개 승리하지만, 종종 어른은 그의 작은 경쟁자를 지배하는데 성공하지 못하고 어른인 자신이 틀렸기 때문에 결국에는 아이를 보이지 않는 힘으로 누르려는 방법에 의지한다. 이런 경우에, 부모들은 권위주의적 방식으로 험악한 상황을 연출해서 해결하는 경향이 있다. 어른들은 아이들에게 순종을 의무화하고 절대 위상의 위치를 차지한다. 승리를 거둔 어른들은 아이들에게 침묵을 지키라고 명령함으로써 그것을 정당화하고, 따라서 겉으로 "평화"는 보장된다! 그 사이에 아이들은 부모에 대한 믿음을 잃고 관계에 대한 모든 신뢰와 자발성은 사라진다.

아이의 가장 깊고 가장 강렬한 요구는 이런 식으로 충족되지 않는다. 결과적으로, 아이는 어떤 특징적인 반응을 나타낼 것이다. 또는, 어른의 부당한 행위에 적응하려고 아이는 때때로 병적인 상태로 전락하는 신체적 긴장이 생길 것이다. 그러나 그것은 당장은 겉으로 드러나지 않는다. 실제로 아이에게는 수줍음이나 약간의 잘못된 행동을 감추기 위한 고의적인 거짓말과 같은 방어 체계가 있는 반면 신체적 긴장과 같은 종류의 손상은 매우 일상적인 것이어서 그것이 마치 원래부터 갖고 있는 아이의 특성으로 여겨 지기도 한다. 그것이 혼란스러운 상상과 불필요한 감정을 일으키기 때문에 더 심각하지만 두려움도 거짓말과 마찬가지로 수동적인 복종에서 생겨난다. 무질서와 혼란은 고요한 내적 발달을 위한 노력의 기회가 부족한 아이들에게 나타난다. 이러한 병폐를 극복하기 위해 아이들이 적극적으로 행동할 수 있도록 어른들은 소극적으로 행동하며 아이들에게 모방할 수 있는 것들을 올바르게 제공해야 한다. 이것이 어른들이 정신적으로 변화를 일으키는 방법이다. 진보는 인간들만의 고유한 일이기 때문에 단순히 다른 사람들을 관찰하는 것을 통해 인간이 성장하지 않는다. 아이에게 억압된 욕구들은 고여 있는 웅덩이의 정체된 물처럼 숨겨져 있고, 그것만을 보고 결코 아이들의 진정한 가치를 평가할 수 없다. 왜냐하면 억압된 욕구들은 항상 존재하지만 실현되지 않았고, 그것을 아이들이 다스릴 기회를 갖지 못했기 때문에 제지할 수 없다. 억압된 욕구들은 은밀한 관심을 통해 아이를 조금씩 유혹하고 그들을 끌어당긴다.

어른들은 아이가 자연스럽게 행동하고 싶어하는 충동을 막기 때문에, 아이가 유익한 일을 하며 자신의 생활 능력을 키우고 넘치는 에너지를 발휘하려는 노력을 방해한다. 이럴 경우 어른은 자연 법칙에 따라 성장하는 아이의 장애물이 된다. 결과적으로, 아이는 잘못된 길로 들어서게 되고, 아이는 아무 목적도 없는 쓸모 없는 물건과 장난감, 그리고 많은 부질없는 일에 의지하게 된다. 이렇게 마비된 무의식은 모든 장애를 극복할 수 있어야 하는 아이의 존재를 체념과 타성과 게으름 속에 물들게 만든다.

그러한 아이는 어린 시절의 비상하고자 하는 욕구와 활동에 대한 건강한 충동이 단절된다. 아이의 상상력은 그에게 흥미를 줄 수 있는 생기 있는 것들에 다가가지 못하고, 감정을 느낄 수 없고 잘못된 것들에 접근하며, 자연본성의 접촉 지점을 찾기 위한 노력은 외부 세계에서 헛되게 낭비되고 있다. 따라서 모든 형태의 현실이 아이에게서 감춰져 있기 때문에 완전히 비현실적인 삶으로 대체되는 병약하고 환상적인 삶의 형태가 나타난다.

하지만 작은 영혼인 아이는 끊임없이 싸우고 자신을 방어하려고 한다. 아이의 반대편에 있는 모든 무력한 생명체들과 마찬가지로, 어른들은 신경질적인 반응, 완고함, 분노, 눈물 그리고 짜증을 표현한다. 그리하여 아이들은 적절한 에너지를 사용하기 보다는 어른들의 분노와 계획적인 반대와 같은 유해한 행동에 말려들어 다른 종류의 에너지를 소비하게 된다. 아이들은 오직 공허하고 나태한 상상을 통해서만 꿈 꿀 수 있는 악의적인 감정상태와 짜증나게 하는 하찮은 행동을 하면서 귀중한 시간을 허비해 버린다.

아이의 신경계는 이 갈등 속에서 고통받고 있고, 오늘날 의사들은 많은 정서적 질병들의 직접적인 원인이 유아기 동안의 억압이라는 것을 이해하기 시작했다. 유아기에는 종종 불면증, 악몽, 소화장애, 말더듬이와 같은 위험한 증상들이 나타나는데, 이 모든 것들은 하나의 원인이 있다.

정말로 부모들은 아이들의 정서적 질병을 치료하기 위해 가능한 모든 것을 하고 성격의 결함을 개선하기 위해 노력할까? 그리고 결국. 부모들은 자신들로 인해 야기된 성장을 방해하는 병을 치료하는 데 소진한다. 그리고 그것은 성숙해질 때까지 지속될 것이다. 이 모든 것이 사랑이란 이름으로 위장해서 아이들을 억압할 수도 있다. 그것은 아이의 진정한 요구를 모두 부정하는 것이다.

우리는 아이의 억압된 정신을 해방시켜야 한다! 그러면 마치 마법처럼 억압으로 인한 모든 병이 사라지고 남아있는 것은 순수하게 타고난 자연적 본성일 것이다.

하지만 이제 우리는 문제의 또 다른 측면을 생각해야 한다. 비록 젊은 부모들이 보다 순진하고 순수한 아이들의 갇혀진 영혼을 해방시키려 하지만, 이것이 아이들의 잘못을 고치지 말자는 의미의 교육의 자유로 받아들여서는 안 된다. 만약 부모들이 그렇게 생각한다면, 그들은 또한 아이를 그러한 태만의 많은 결과들, 또 다른 정서적 질병의 위험에 노출시킬 것이다. 나는 여기에서 새로운 원칙을 세우려는 것이 아니라 단지 다른 결론을 도출하는 것이다. 내가 이것을 적용하기 전에, 우리는 아이에게 실제로 어떤 일이 일어나고, 아이를 만족시키기 위해 무엇을 해야 하는지 생각해야 한다. 그래서 이러한 목적을 달성하기 위해서는 부모들은 준비가 되어야 한다."

[사진 49]
"아이의 손짓 하나에도 자유롭고 자연스러운 표현의 욕구가 담겨 있다."
"Even a small gesture of the child holds
a natural urge for free expression."

　어른들은 아이가 자연스럽게 행동하고 싶어하는 충동을 막기 때문에, 아이가 유익한 일을 하며 자신의 생활 능력을 키우고 넘치는 에너지를 발휘하려는 노력을 방해한다. 이럴 경우 어른은 자연 법칙에 따라 성장하는 아이의 장애물이 된다. 결과적으로, 아이는 잘못된 길로 들어서게 되고, 아이는 아무 목적도 없는 쓸모 없는 물건과 장난감, 그리고 많은 부질없는 일에 의지하게 된다. 이렇게 마비된 무의식은 모든 장애를 극복할 수 있어야 하는 아이의 존재를 체념과 타성과 게으름 속에 물들게 만든다.

- 마리아 몬테소리

[사진 50]
"사랑으로 연결된 손길 속에서,
아이는 자신과 세상을 향한 첫 신뢰를 쌓아간다."
"In the touch connected by love,
the child begins to build trust in themselves and the world."

 

신비롭게도 가족은 모든 문화에서 필요하다. 가족 단위는 개인의 성장과 사회의 성장 사이의 균형점을 제공한다. 가족은 새로운 세대를 위해서 변화의 필터 역할을 한다.

- 클로드 레비스트로스

Mysteriously the family is necessary in every culture. The family unit provides the point of equilibrium (point of balance) between personal growth and societal growth. The family serves as a filter of change for the new generations.
-Claude Levi Strauss

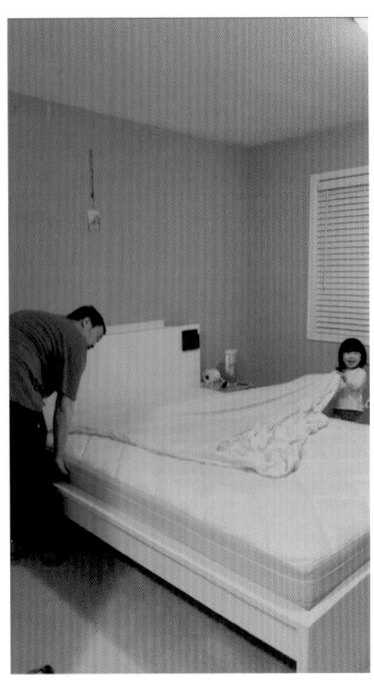

[사진 51]
"아이와 함께하는 일상은 세대와 문명을 잇는 다리가 된다."
"Daily life shared with the child becomes a
bridge across generations and civilizations."

…아이는 결합의 지점으로, 역사의 서로 다른 시대, 즉 문명의 수준과 결합하는 연결고리로 여겨져야 한다. 유아기는 진정으로 중요한 시기인데, 왜냐하면 우리가 새로운 사상을 제시하고, 사람들의 습관과 관습을 수정하거나 개선시키고, 그 개념적 특성에 새로운 활력을 불어넣기 위해서는 그 아이를 우리의 연결고리로 삼아야 하기 때문이다.

- 마리아 몬테소리

[사진 52]
"어린 영혼이 깊은 예술과 사유의 공간을 마주할 수 있도록
옆에 있어 주는 어른은, 삶을 존중하는 진정한 안내자이다."
"An adult who stands by so a young soul may encounter art
and thought is a true guide who honors life."

    신체적 건강을 위해 따라야 할 명확한 규칙이 있지만 정신적 건강에 대한 규칙은 더 큰 영역으로 확장되어야 하며 아직 제대로 이해되지 않았다. 아이들은 먹는 것만 필요하다고 느끼지 않는다. 아무도 방해하지 않고 아이들 스스로 어떤 행동을 달성할 때의 아이가 얻는 기쁨은 우리에게 아이들이 자신 내부에 커다란 내적 욕구가 있음을 나타내는 표시이다. 아이들의 활동을 억제하는 대신 어른들은 아이가 그것을 발달시킬 수 있는 수단을 만들어야 한다.

- 마리아 몬테소리

## 제14장

## 아이의 정신의 길을 돕는 첫 번째 원칙 : 존중하는 마음에서 교육이 시작된다

이제 새로운 교육의 기초는 인간 존재의 정신적 측면이 되어야 한다. Dr.몬테소리는 이러한 믿음을 신뢰하고 아이에게 가장 좋은 최선의 길을 찾는 부모들에게 도움이 되는 다음과 같은 원칙을 제시하였다.

"가장 중요한 첫번째는 아이가 관심을 갖는 모든 합리적인 형태의 활동을 존중하고 이해하려고 노력하는 것이다. 어른들은 모든 영역에서 아이가 내면의 힘을 사용해서 자신의 에너지를 발달시키도록 자극하는 삶의 일상적인 표현을 무시하는 경향이 있다. 아이들의 활동에 대해 말할 때, 어른들이 관찰한 특별한 무언가, 아마도 어른들은 평상시와 다른 아이의 부주의한 모습을 보고 충격을 받았기 때문에 그것만 떠올린다. 어쩌면 우리는 너무 오래 억압된 에너지 폭발로 인해 발생하는 아이의 버릇없고 장난스러운 반응이나 정신적 일탈만을 생각하고 있다. 그래서 반대로 아이들의 내면에 활동하고 있는 진정한 반응을 찾기란 쉽지 않다. 우리는 아이에게 숨겨져 있는 모든 선을 믿고 사랑하는 마음으로 그것들을 인식할 수 있도록 준비해야 한다. 이렇게 할 때 어른들은 점차적으로 아이들을 올바르게 평가하기 시작할 것이다. 부모가 아이들의 자연스러운 표현을 합리적으로 이해하려면 부모들은 이런 식으로 자신들을 준비시켜야 한다."

그리고 가정에서 다음과 같이 생후 3개월 된 아이를 관찰한 내용을 제시하였다.

"우선, 생후 3개월 된 아이에 대해 말하겠다. 이제 막 인생의 문턱에 있는 작은 존재이다. 나는 이 갓난 아기가 자신의 손을 발견하는 과정을 관찰했다. 아이는 자신의 손을 더 잘 관찰하기 위해 모든 노력을 다했지만, 아이의 팔은 너무 짧았고, 아이는 손을 보기 위해서는 매우 열심히 눈을 움직여야만 했다. 아이의 주위에는 볼거리가 많았지만, 오직 자신의 손만이 아이를 흥미롭게 했다. 아이의 노력은 자신의 내적 만족을 얻기 위해 편안함까지 희생하는 본능적인 표현이었다.
 나중에, 나는 이 어린 아이에게 뭔가 잡고 만질 수 있는 것을 주었지만, 아이는 무관심했다. 분명히 그것은 아이에게 흥미가 없었다. 아이는 작은 손을 벌려 아무런 생각 없이 떨어뜨렸다. 그때부터, 아이의 얼굴은 갑자기 환히 밝아 졌고 가까이 있건 멀리 있건 성공하든 실패하든, 무언가를 잡으려 했다. 아이는 마치 "어떻게 하면 내가 무언가를 잡는데 성공하고 어떻게 하면 그렇지 못한가?"라고 말하려는 듯 계속해서 자신의 손을 바라보았다. 분명히, 이 아이에게는 자신의 손을 사용하는 문제가 중요한 관심을 끌고 있었다. 그 아이가 6개월이었을 때, 나는 은방울이 달린 딸랑이를 주었다. 나는 그것을 아이의 손에 쥐어 주고 방울 소리가 나게 흔드는 것을 도와주었다. 몇 분 후, 아이는 그것을 떨어뜨렸다. 나는 그것을 집어서 아이에게 다시 주었고, 그래서 이런 행동은 몇 번 반복되었다.
 마치 그것은 아이가 곧바로 딸랑이를 돌려받기 위해 고의로 떨어 트린 것 같았다. 어느 날 아이는 딸랑이를 잡고 있는 동안 평상시처럼 손을 완전히 펴지 않고 한 손가락, 다른 손가락, 그리고 다른 손가락을 들어 올렸고 마침내 마지막으로 손가락을 들어 올리면서 딸랑이가 바닥에 떨어졌다. 아기는 주의 깊게 자신의 손가락을 바라보았다. 아이는 계속해서 손가락을 보면서 움직임을 반복했다. 분명히 아이에게 관심이 있는 것은 딸랑이가 아니라 이러한 시도, 물건을 잡는 방법을 알아 가는 손가락의 기능이었다. 그리고 마침내 이것을 발견한 아이는 무척 행복해 보였다. 처음에 아이는 자신의 손을 사용하는 방법을 잘 몰랐지만 지금은 그 기능을 알게 된 것이다. 아이의 현명한 어머니는 아이가 열중하는 것을 보고 딸랑이 치우는 것을 참았다. 그 덕분에 자신의 아이가 관심있는 일에 반복한다는 것이 얼마나 중요한지를 이해하게 되었다.

　이 경험은 아이가 인생의 초기에 필요로 하는 가장 간단한 것을 보여준다. 하지만 이 어린 아이가 잘 관찰되지 않았더라면, 아마 아이의 손이 가려졌을지도 모르고, 손을 보고 싶어하는 아이의 욕구을 비뚤게 방해했을 수도 있고, 아니면 아이의 부모님이 딸랑이를 가져갔을 수도 있다. 왜냐하면 그들은 아이가 딸랑이를 바닥에 자꾸 떨어뜨리고 있는 것을 보았기 때문이다. 그리고 내가 말한 모든 것은 관찰되지 않고 지나갔을 것이다. 그럴 경우에 이 작은 아이의 지적 능력을 발달시키기 위한 가장 적당하고 가장 자연스러운 방법은 억압되었을 것이다. 아이가 이렇게 발견을 즐기는 대신, 아이는 이유 없이 울음을 터뜨렸을 것이고, 어린 시절부터 어른들과 이 작은 아이의 정신 사이에는 오해의 벽이 시작되었을 것이다.

　아마도 많은 사람들은 매우 어린 아이들에게 내면의 삶이 존재하는지 의심한다. 확실히, 이 사람들은 이 작은 존재들의 필요를 이해하고 발달하는 삶에 대한 이러한 욕구들의 중요성을 이해하려면 영혼의 특별한 언어를 이해하는 법을 배워야 한다. 아이의 자유에 대한 존중은 이러한 힘이 자라도록 돕는 것으로 이루어진다."

　이어서 또 다른 사례를 제시하였다.

　"어느 날 한 살쯤 된 아이가 어머니가 아이가 태어나기 전에 그려 준 그림을 보고 있었다. 아이는 그림 속의 아이들에게 입을 맞췄고 특히 가장 작은 아이에게 관심을 보였다. 아이는 또한 그림 속의 꽃을 구별할 수 있었고, 마치 꽃 향기를 맡은 것처럼 그림에 코를 갖다 대었다. 한 살 된 아이는 그림 속의 아이들과 꽃에게 어떻게 행동해야 하는지 알고 있는 것이 분명했다. 그러나 그 자리에 있었던 몇몇 사람들이 아이의 이런 행동이 매우 재미있다고 느꼈는지 마치 다른 것도 입을 맞추고 냄새를 맡으라는 듯 물건을 잔뜩 집어 들고, 아이에게 내밀며 그런 행동은 코믹 이외에 다른 의미가 없다는 듯 웃어 댔다. 그들은 아이에게 냄새를 맡으라고 크레파스, 쿠션 등을 내밀었다. 아이는 완전히 혼란스러워졌고, 앞서 얼굴에 빛났던 총명한 표정은 사라졌다. 처음에 그림을 볼 때 아이는 그림에서 사물을 구별하는 방법과 그들에게 어떻게 행동하는지를 알고 있었기 때문에 무척 행복해 보였다. 그것은 아이를 행복하게 만든 새롭고 중요한 지능의 획득이었다. 그러나 지금 아이는 주변 사람들의 잔인한 개입으로부터 스스로를 방어할 내적인 힘이 없었다. 아이는 결국 모든 것을 무차별적으로 냄새 맡고 입을 맞추고, 주변 사람들은 이것을 보고 계속 웃어 댔다. 결국 그것은 아이에게 있어서 지식을 얻고 실천하려는 독립적 성장의 길은 막아 버린 것이다.

어른들은 자신도 모르는 사이에 얼마나 자주 이런 일을 저지르고 있는가! 어른들은 아이들의 타고난 본능을 질식시키고 아이들이 정신적인 필요를 채운 것에 대해 만족하여 행복한 미소를 띠고 있는 것을 전혀 눈치채지 못했던 것 같이, 어른들이 전혀 관심을 갖지 않아서 울고 있는 것을 이유없이 울고 있다고 야단을 치는 것이다. 그리고 이런 현상은 특히 받은 인상을 대단히 예민하게 느낄 때 아이의 정신적인 성장을 막 느끼기 시작하는 인생의 초기에 일어난다. 이때부터 아이와 어른의 갈등이 시작되는 것이다.

어른들이 아이를 요람에 눕히면 아이는 잔다. 어른들은 도움을 청하는 영혼을 상처받지 않게 해야 한다!

그러나 아이가 활동적이라면, 우리는 아이가 잠을 덜 필요로 한다는 것을 즉시 알게 된다. 아이의 눈은 밝고 총명하며 친화력이 있는 눈빛을 나타낸다. 아이는 도움을 원하며 아이에게 도움을 줄 사람에게 의지할 것이다. 사람들은 종종 아이가 나중에 자신에게 좋은 것을 줄 사람을 사랑하는 것만큼 그를 가슴으로 길러준 어머니를 사랑하지 않는다고 말한다. 결코 아니다! 이미 인생의 첫 단계에서 아이는 자신의 정신을 완성할 수 있도록 도와줄 누군가를 사랑할 것이다.

아이들이 어른들과 함께 하려고 하고, 그들의 삶에 참여하려고 모든 방법으로 노력한다는 것은 분명하다. 아이는 가족과 함께 식탁에 앉아서 식사를 하거나, 벽난로 앞에 앉아 몸을 녹일 때 완전한 만족을 느낀다.

평화와 고요함을 말하는 인간의 목소리는 분명히 가장 아름다운 음악을 만든다. 자연은 우리에게 말하기를 배우는 수단을 제공한다."

[사진 53]
"이 작은 존재는 지금,
자기 자신을 만나는 위대한 여정을 시작하고 있다."
"This small being is now embarking on the
great journey of discovering the self."

　우선, 생후 3개월 된 아이에 대해 말하겠다. 이제 막 인생의 문턱에 있는 작은 존재이다. 나는 이 갓난 아기가 자신의 손을 발견하는 과정을 관찰했다. 아이는 자신의 손을 더 잘 관찰하기 위해 모든 노력을 다했지만, 아이의 팔은 너무 짧았고, 아이는 손을 보기 위해서는 매우 열심히 눈을 움직여야만 했다. 아이의 주위에는 볼거리가 많았지만, 오직 자신의 손만이 아이를 흥미롭게 했다. 아이의 노력은 자신의 내적 만족을 얻기 위해 편안함까지 희생하는 본능적인 표현이었다.

- 마리아 몬테소리

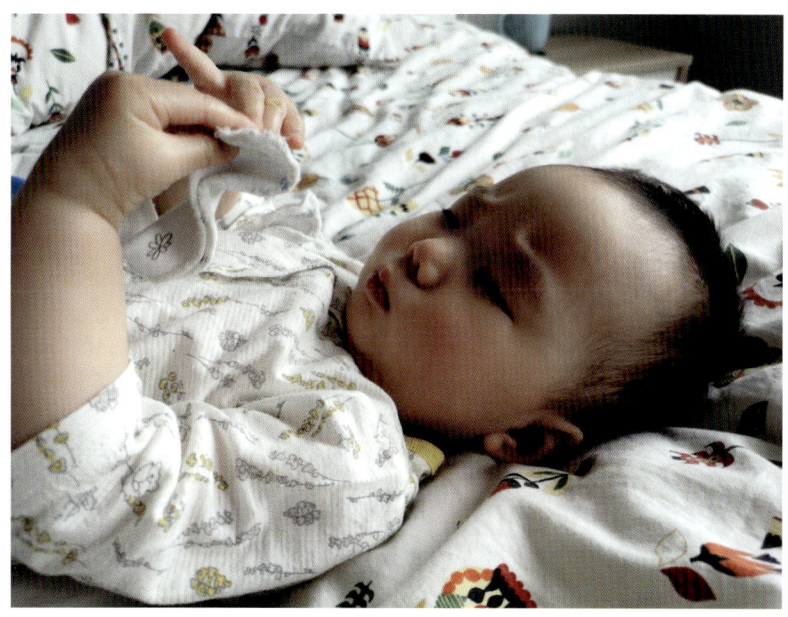

[사진 54]

"어른이 준 것이 아닌, 스스로 발견한 손이 아이에겐 가장 소중한 교구였다."
"The most precious material to the child was not something given by an adult,
but what they discovered through their own hands."

나중에, 나는 이 어린 아이에게 뭔가 잡고 만질 수 있는 것을 주었지만, 아이는 무관심했다. 분명히 그것은 아이에게 흥미가 없었다. 아이는 작은 손을 벌려 아무런 생각 없이 떨어뜨렸다. 그때부터, 아이의 얼굴은 갑자기 환히 밝아 졌고 가까이 있건 멀리 있건 성공하든 실패하든, 무언가를 잡으려 했다. 아이는 마치 "어떻게 하면 내가 무언가를 잡는데 성공하고 어떻게 하면 그렇지 못한가?"라고 말하려는 듯 계속해서 자신의 손을 바라보았다. 분명히, 이 아이에게는 자신의 손을 사용하는 문제가 중요한 관심을 끌고 있었다.

- 마리아 몬테소리

[사진 55]
"아이는 손을 통해 세계를 탐색하며 스스로의 가능성을 발견해 나간다."
"The child explores the world through the hands
and uncovers their own potential."

어느 날 아이는 딸랑이를 잡고 있는 동안 평상시처럼 손을 완전히 펴지 않고 한 손가락, 다른 손가락, 그리고 다른 손가락을 들어 올렸고 마침내 마지막으로 손가락을 들어 올리면서 딸랑이가 바닥에 떨어졌다. 아기는 주의 깊게 자신의 손가락을 바라보았다. 아이는 계속해서 손가락을 보면서 움직임을 반복했다. 분명히 아이에게 관심이 있는 것은 딸랑이가 아니라 이러한 시도, 물건을 잡는 방법을 알아 가는 손가락의 기능이었다. 그리고 마침내 이것을 발견한 아이는 무척 행복해 보였다. 처음에 아이는 자신의 손을 사용하는 방법을 잘 몰랐지만 지금은 그 기능을 알게 된 것이다.

- 마리아 몬테소리

[사진 56]
"아이는 자연 속에서 내면의 목소리를 듣고, 조용히 세상을 받아들인다."
"In nature, the child listens to their inner voice and quietly embraces the world."

　가장 중요한 첫번째는 아이가 관심을 갖는 모든 합리적인 형태의 활동을 존중하고 이해하려고 노력하는 것이다. 어른들은 모든 영역에서 아이가 내면의 힘을 사용해서 자신의 에너지를 발달시키도록 자극하는 삶의 일상적인 표현을 무시하는 경향이 있다. 아이들의 활동에 대해 말할 때, 어른들이 관찰한 특별한 무언가, 아마도 어른들은 평상시와 다른 아이의 부주의한 모습을 보고 충격을 받았기 때문에 그것만 떠올린다. 어쩌면 우리는 너무 오래 억압된 에너지 폭발로 인해 발생하는 아이의 버릇없고 장난스러운 반응이나 정신적 일탈만을 생각하고 있다. 그래서 반대로 아이들의 내면에 활동하고 있는 진정한 반응을 찾기란 쉽지 않다. 우리는 아이에게 숨겨져 있는 모든 선을 믿고 사랑하는 마음으로 그것들을 인식할 수 있도록 준비해야 한다. 이렇게 할 때 어른들은 점차적으로 아이들을 올바르게 평가하기 시작할 것이다. 부모가 아이들의 자연스러운 표현을 합리적으로 이해하려면 부모들은 이런 식으로 자신들을 준비시켜야 한다.

- 마리아 몬테소리

## 제15장

## 아이의 정신의 길을 돕는 두 번째 원칙 : 간섭보다 관찰이 먼저다

Dr. 몬테소리는 인간 존재의 정신적 측면이 가장 중요하며 이것이 새로운 교육의 기초라고 강조하였다. 그리고 다음과 같이 아이에게 가장 좋은 최선의 길을 찾는 부모들에게 도움이 되는 원칙을 제시하였다. 두 번째 원칙은 다음과 같다. 어른들은 아이의 활동에 대한 욕구를 최대한 지지해야 한다. 아이를 시중들지 말고, 아이가 독립하도록 교육해야 한다.

"지금까지 첫 단어와 첫 걸음마는 항상 아이 발달의 가시적이고 거의 상징적인 이정표 역할을 했으며 발달의 가장 초기 증거였다. 첫 단어는 언어의 발달을 나타낸다. 첫 걸음은 똑바로 서서 걸을 수 있는 능력을 증명했다. 그러므로 이것은 가정에서 대단히 중요한 일이었고, 지혜롭고 현명한 어머니는 그것이 언제 일어났는지 기록했다.

그러나 걷고 말하는 것은 다소 어려운 성취이다. 아이의 작은 몸으로 큰 머리의 균형을 잡고 짧고 작은 다리로 서 있는 자세를 유지하는 데 성공하기 위해서는 많은 노력이 필요하다. 그 첫 단어조차도 다소 복잡한 표현 수단이다. 확실히 이 두 정복이 동시에 한번에 이루어 질 수 없다. 첫 단어와 첫 걸음마는 가장 분명한 단계에 불과하지만, 아이의 지성과 균형감각은 이미 먼 길을 걸어왔고 이 두 정복에 도달하기 위해 이미 건너간 길은 우리의 모든 관심을 끌 만한 가치가 있다.

아이가 자연스럽게 발달하는 것은 사실이지만, 이 때문에 많은 연습을 해야 한다. 연습이 부족하면 이 지능은 낮은 수준으로 머물러 있다. 어렸을 때부터 연습을 하도록 지원과 안내를 받은 아이들의 발달에는 괄목할 만한 성장이 있다.

　어린 아이를 인격적으로 존중하지 않고 신경 쓰지 않는 사람은 수유 후 첫 끼니부터 아이의 입에 이유식 숟가락을 거칠게 밀어 넣는 사람이다. 반면에 아이를 존중하는 사람은 낮은 식탁에 아이와 함께 앉아 식사를 할 수 있는 충분한 시간을 주며 아이가 작은 손을 뻗어 숟가락을 잡고 그것을 자신의 입으로 옮기도록 노력한다는 것을 즉시 알게 될 것이다.

　이것은 어머니의 위대한 성취이며, 이것을 위해서는 큰 사랑과 인내를 필요로 한다. 육체와 정신을 동시에 먹여 살려야 하지만 정신이 우선이다. 어머니는 청결에 대해 확실히 칭찬받을 만한 생각을 가지고 있을 수도 있지만, 이 경우 그것은 부차적인 것이다. 혼자서 이제 식사를 시작한 아이는 그것을 어떻게 먹는지 알지 못하고 먹고 나면 지저분해지는 것이 당연한 일이다. 어른들은 아이가 행동하려는 성장의 자극을 주기 위해서 청결한 것에 대해서 희생을 감수해야 한다. 아이의 반복적인 발달 과정에서, 아이는 그의 동작을 완벽하게 하고 자신을 더럽히지 않고 먹는 법을 배울 것이다. 이러한 방식으로 이루어지는 청결은 진정한 진보, 즉 아이의 정신에 대한 승리를 나타낸다.

　아이의 의지에 대한 역량은 아이가 지속적으로 성취할 수 있는 의미있는 움직임의 활동량으로 입증된다. 사실상 아이가 말하기 전이나 걷기 전, 삶의 1년차가 거의 끝나갈 무렵에 아이는 마치 내면의 목소리에 순종하는 것처럼 행동하기 시작한다. 아이는 숟가락으로 밥을 먹으려 하겠지만, 마음대로 먹고 싶은 음식을 입에 담지 못한다. 아이는 배가 고프지만, 먼저 사람들의 도움을 받기 보다는, 자신의 행동에 대한 욕구를 충족시킨 후에야 다른 사람의 도움도 받아들인다. 그래서 혼자서 식사할 때 이 모습이 끔찍하게 더러울지도 모르지만 아이의 얼굴은 행복과 기쁨으로 빛난다. 이제, 아이는 자신의 에너지가 만족되었기 때문에, 모든 것을 행복하게 먹는다. 이런 식으로 교육을 받은 아이는 생후 1년이 되기 전에 이미 스스로 음식을 먹을 수 있는 놀라운 모습을 나타낸다. 아이는 아직 말을 할 줄 모르지만, 우리가 말하는 모든 것을 아주 잘 이해하고 행동으로 우리의 말에 응답하려고 한다.

아이의 이러한 자연스러운 행동은 어린 아이이지만 지능이 있다는 느낌을 준다. 우리가 아이에게 "손을 씻어라"고 말하면 아이는 순종한다. 우리가 아이에게 바닥에 떨어진 물건을 주워 오거나 닦으라고 요청할 때도 마찬가지이다. 아이는 아주 열심히 모든 것을 실행한다.

어느 날 나는 한 살 정도의 어린 아이와 함께 시골길을 가고 있었다. 아이는 이제 막 걷는 법을 배웠고 길에는 돌멩이가 많았다. 나는 우선 아이의 손을 잡아야 한다는 충동이 생겼다. 하지만, 잡고 싶은 마음을 참으면서 말로 아이를 인도하려고 노력했다.

"자~ 저쪽으로 걸어요!" "조심해, 돌멩이가 있네! 여기도 천천히!" 아이는 기특하게도 진지하게 경청하고 순종했다. 아이는 넘어지지 않았고 서둘지도 않았다. 나는 부드럽게 이야기하면서 차근차근 아이를 안내했고, 아이는 내 말을 이해하고 자신의 행동으로 반응하며, 이 의미 있는 활동에 대해 주의 깊게 듣고 즐겼다.

이런 식으로 아이를 안내하는 것이 어머니의 진정한 일이다.

우리는 불필요하거나 제멋대로인 일에 적극적인 도움을 제공해서는 안 된다. 도움을 제공할 때 그것은 아이들의 정신의 노력에 부합해야 한다. 그것은 아이의 본성에 대한 이해와 본능적인 행동에 대한 존중에 근거해야 한다."

[사진 57]
"작은 손에 쥔 숟가락, 아이는 스스로의 식사를 통해 자립을 배운다."
"With a spoon in their small hand,
the child learns independence through self-feeding."

 어린 아이를 인격적으로 존중하지 않고 신경 쓰지 않는 사람은 수유 후 첫 끼니부터 아이의 입에 이유식 숟가락을 거칠게 밀어 넣는 사람이다. 반면에 아이를 존중하는 사람은 낮은 식탁에 아이와 함께 앉아 식사를 할 수 있는 충분한 시간을 준다면 아이가 작은 손을 뻗어 숟가락을 잡고 그것을 자신의 입으로 옮기도록 노력한다는 것을 즉시 알게 될 것이다.

- 마리아 몬테소리

[사진 58]
"어른의 인내는 아이의 정신이 성장하는 토양이 된다."
"The adult's patience becomes the fertile ground where the child's spirit grows."

어머니는 육체와 정신을 동시에 먹여 살려야 하지만 정신이 우선이다. 어머니는 청결에 대해 확실히 칭찬받을 만한 생각을 가지고 있을 수도 있지만, 이 경우 그것은 부차적인 것이다. 혼자서 이제 식사를 시작한 아이는 그것을 어떻게 먹는지 알지 못하고 먹고 나면 지저분해 지는 것이 당연한 일이다. 어른들은 아이가 행동하려는 성장의 자극을 주기 위해서 청결한 것에 대해서 희생을 감수해야 한다. 아이의 반복적인 발달 과정에서, 아이는 그의 동작을 완벽하게 하고 자신을 더럽히지 않고 먹는 법을 배울 것이다. 이러한 방식으로 이루어지는 청결은 진정한 진보, 즉 아이의 정신에 대한 승리를 나타낸다.

- 마리아 몬테소리

**[사진 59]**
"배고픔을 채우는 일이 아니라,
내 힘으로 해낸다는 감동이 아이를 행복하게 만든다."
"What brings joy is not just satisfying hunger
—but the thrill of having done it alone."

　아이의 의지에 대한 역량은 아이가 지속적으로 성취할 수 있는 의미있는 움직임의 활동량으로 입증된다. 사실상 아이가 말하기 전이나 걷기 전, 삶의 1년차가 거의 끝나갈 무렵에 아이는 마치 내면의 목소리에 순종하는 것처럼 행동하기 시작한다. 아이는 숟가락으로 밥을 먹으려 하겠지만, 마음대로 먹고 싶은 음식을 입에 담지 못한다. 아이는 배가 고프지만, 먼저 사람들의 도움을 받기 보다는, 자신의 행동에 대한 욕구를 충족시킨 후에야 다른 사람의 도움도 받아들인다. 그래서 혼자서 식사할 때 이 모습이 끔찍하게 더러울지도 모르지만 아이의 얼굴은 행복과 기쁨으로 빛난다. 이제, 아이는 자신의 에너지가 만족되었기 때문에, 모든 것을 행복하게 먹는다. 이런 식으로 교육을 받은 아이는 생후 1년이 되기 전에 이미 스스로 음식을 먹을 수 있는 놀라운 모습을 나타낸다. 아이는 아직 말을 할 줄 모르지만, 우리가 말하는 모든 것을 아주 잘 이해하고 행동으로 우리의 말에 응답하려고 한다.

- 마리아 몬테소리

[사진 60]
"작은 몸이 균형을 이루고, 손끝이 책을 찾을 수 있게 된 건
반복된 연습이 있었기 때문이다."
"That small body balancing and finding books with their fingertips
—all came from repeated practice."

    걷고 말하는 것은 다소 어려운 성취이다. 아이의 작은 몸으로 큰 머리의 균형을 잡고 짧고 작은 다리로 서 있는 자세를 유지하는 데 성공하기 위해서는 많은 노력이 필요하다. 그 첫 단어조차도 다소 복잡한 표현 수단이다. 확실히 이 두 정복이 동시에 한 번에 이루어 질 수 없다. 첫 단어와 첫 걸음마는 가장 분명한 단계에 불과하지만, 아이의 지성과 균형감각은 이미 먼 길을 걸어왔고 이 두 정복에 도달하기 위해 이미 건너간 길은 우리의 모든 관심을 끌 만한 가치가 있다. 아이가 자연스럽게 발달하는 것은 사실이지만, 이 때문에 많은 연습을 해야 한다. 연습이 부족하면 이 지능은 낮은 수준으로 머물러 있다. 어렸을 때부터 연습을 하도록 지원과 안내를 받은 아이들의 발달에는 괄목할 만한 성장이 있다.

- 마리아 몬테소리

## 제16장

## 아이의 정신의 길을 돕는 세 번째 원칙 : 침묵의 지지가 아이의 내면을 돕는다

세 번째 원칙은 아이들이 우리가 알고 있는 것보다 훨씬 더 외부의 영향에 민감하기 때문에 아이들과의 관계에 있어서 가장 집중하며 주의를 기울여야 한다는 것이다.

"만약 아이의 미세하고 섬세한 표현을 구별할 줄 모르고, 또한 이러한 충분한 경험과 사랑이 부족하다면, 만약 아이를 어떻게 존중해야 할지 모른다면, 어른들은 아이들이 격렬하게 폭력적으로 표현할 때만 그것을 인지한다. 이 시점에서, 어른들의 도움은 너무 늦다. 대부분의 경우 어른들은 아이가 어른과의 소통이 되지 않아 만족하지 못하고 답답해서 울음을 터뜨릴 때에만, 이러한 요구를 파악하려고 노력한다. 그리고 어른들은 서둘러 아이를 달랜다.

또 다른 어떤 부모들은 다른 교육학적 원칙을 가지고 있다. 그들은 그들의 아이들의 눈물에 대해 신경 쓰지 않는다. 왜냐하면 그들은 아이들이 울기 시작하면 스스로 울다가 그칠 것이라고 경험상 알기 때문이다. 만약 부모들이 아이들을 위로하려고 노력한다면 아이들은 버릇이 나빠지고, 관심을 끌기 위해 습관적으로 울게 되며, 결국 부모는 버릇없는 아이들의 노예가 될 것이라고 말한다.

나는 아이가 어른들이 달래는 것에 익숙해 지기도 전에, 누가 봐도 이유없이 시작된 그 눈물에 대해 말하고 싶다. 눈물은 아이가 겪고 있는 것이 정말로 괴로워서 나타내는 표시이다. 아이는 내면의 삶을 구축하기 위해 일정한 휴식과 평온함이 필요하다. 하지만 어른들은 지속적이고 무자비하게 아이를 방해한다. 어른들은 아이들에게 많은 혼란스러운 인상을 던져주는데, 그것은 종종 너무 빨리 진행되어서 아이들이 그것들을 흡수하고 받아들일 시간을 주지 않는다. 그러면 아이는 마치 몸에서 배가 고프거나 혹은 너무 많이 먹어서 배탈이 났을 때와 같은 현상으로 괴로움을 눈물로 표현하는 것이다.

사실상 어른들은 아이가 정말로 필요로 하는 것을 무시해 왔기 때문에, 아이 스스로 눈물을 닦게 하기 보다 그 아이를 위로해야 한다. 이 눈물의 본질적인 원인은 너무 미묘하기 때문에 우리의 잘못을 모면하게 하지만, 그러나 이 속에는 모든 것에 대한 설명이 담겨 있다.

헬렌은 아직 한 살도 안된 어린 아이였고 종종 기분이 나쁠 때는 "Pupa!"*라는 소리를 중얼거렸다. 게다가 아이는 뚜렷한 이유 없이 잘 울지 않았다. 우리는 아이가 불쾌한 것을 경험할 때마다 Pupa 소리를 내는 것을 알아차렸다: 아이는 자신의 주변에 무엇이 있는지 알고 싶어 하는 듯 주위에 있는 물건을 만졌다. 그러다가 아이의 손가락이 딱딱한 물건에 부딪히거나, 갑자기 차가운 것을 느꼈을 때, 혹은 대리석을 만지거나, 거친 표면에 닿았을 때 Pupa라는 말을 했다. 사람들은 아이가 아파하면 동정 어린 말로 반응하거나, 아이가 상처를 보여주겠다고 작은 손가락을 내밀면 거기에 입을 맞추었다. 아이는 주변 사람들이 자신에게 어떻게 반응해주는지 주의 깊게 관찰하고 즉시 위로를 받곤 했다. 때로는 "Pupa no!" 라고 소리 치며 마치, "기분이 좋아졌어. 더 이상 나를 위로할 필요 없어요."라는 식으로 반응을 하며 자신의 반응과 주위 사람들의 반응을 관찰하고 있었다. 아무도 필요 이상으로 오래 달래거나 위로해 주지 않았기 때문에, 아이는 버릇없는 아이가 아니었다. 우리는 아이의 반응을 직접적으로 받아주며, 아이가 자신의 관찰을 명확히 하고 사회적 관계에서의 반응을 발달시키도록 도와주었다. 그래서, 우리

---

\* 저자 주: "아이, 참"과같은 이탈리아어의 감탄사와 비슷한 속어

는 아이의 삶에서의 이러한 첫 경험을 통제하고 지원하는 역할을 했다. 곱고 천진난만한 감수성을 가진 이 아이의 천성은 장애 없이 발달하고 있었다. 우리는 아이가 불쾌한 일을 겪었다고 말할 때 "그거 별거 아니야"라고 말한 적이 없다. 우리는 아이의 불쾌한 경험을 받아들였고 무슨 일이 일어났는지 지나치게 강조하지 않았으며, 아이를 부드럽게 위로하려고 애를 썼다.

불쾌한 일을 겪은 아이에게 어른들이 "그거 별거 아니야!"라 말하는 것은 확인하고자 했던 자신의 인상을 부정하기 때문에 아이를 혼란스럽게 만든다. 반면에 우리가 아이와 함께 했던 것은 아이에게 다른 경험을 접하도록 격려를 해주며 동시에 그 경험들과 어떻게 관련되는지 보여 준다. 아이가 경험한 것을 부정하거나 너무 많이 말하거나 너무 깊이 분석해서는 안된다! 부드럽고 애정 어린 몇 마디 말만이 위로가 되는 반응이다. 이것을 토대로 아이는 자유롭게 관찰과 경험을 계속할 수 있으며 신체적 발달에 큰 도움이 될 것이다.

어린 헬렌은 징징거리지 않았다. 만약 아이에게 나쁜 일이 생기면, 아이는 "Pupa!"라는 말을 반복했고 위로를 받고 싶어했지만, 아이는 거의 울지 않았다. 한 번은 아이가 병이 났을 때 아이는 "Pupa, no!"라며 어머니를 위로하듯 계속해서 말했다. 신체적인 불편함을 견딜 수 있는 아이의 능력은 나이에 비해 상당히 뛰어났다. 아이는 감각에 대한 이해가 잘 되어 있었고 어른처럼 그녀의 작은 병을 참았다.

종종 아이들은 다른 사람이 고통받는 것을 보면 가슴 아프게 운다. 어린 헬렌과 어린 로렌스 둘 다 이 점에서 상당히 민감했다. 만약 누군가가 양육자를 때리는 시늉을 하거나, 그들의 아버지가 그들의 친구 중 한 명을 때리는 시늉을 한다면, 그들은 울음을 터뜨릴 것이다. 만약 누군가가 어떤 이유로든 불평하거나 울면, 그 어린 아이는 즉시 달려와 그에게 상냥하게 키스할 것이다. 그리고 그 직후 아이는 확신에 차서 "Pupa, no!"라고 말하곤 했다. "다 괜찮아요. 이제 괜찮아요!" 아이는 아직 말을 할 줄 몰랐지만, 얼마나 선명하고 굳건한 아이인가! 로렌스는 더 나아가 시늉이라도 친구를 때리는 아버지를 용기 있게 나무랐다. 만약 그의 아버지가 충동적으로 움직이거나 그의 어린 아들을 밀친다면, 로렌스는 울지 않고, 아빠의 앞에 서서 매우 진지하게 바라보며, "나에게 그런 짓을 해서는 안 돼요!"라는 듯 "아빠, 아빠!"라고 나무라는 어조로 말했다.

어느 날 로렌스는 침대에 누워 잠을 자고 싶었다. 아버지는 근처의 방에서 다른 사람과 큰 소리로 이야기하고 있었다. 로렌스는 침대에 일어나 앉아 "아빠!"라고 외쳤다. 그의 아버지는 아이의 주의를 들은 후에 목소리를 낮추었다. 로렌스는 만족해서 다시 몸을 누워 잠이 들었다. 또 다른 작은 에피소드가 있는데, 헬렌이 3세 정도 되었을 때. 아이의 이모는 나의 교육 자료의 일부인 색칠 세트를 아이에게 보여주고 있었다. 그러다 세트 중 하나가 바닥에 떨어져 깨졌고, 이모는 이 기회를 이용하여 아이에게 조심해야 한다는 것을 가르치려고 했다. "이것 봐, 이 세트들을 매우 조심해야 해요."라고 말했다. 그러자 헬렌이 "그러면 조심해야지요."라고 한 후 "그리고 그것들을 떨어뜨리지 마세요!"라고 말했다. 아이들이 어른을 평가하고 책망하는 것은 이런 식이다. 어른들이 아이에게 가장 타당한 이유로 개입할 때만이 아이들에게 설득력을 줄 것이다.

우리가 아이들의 눈에 완벽하게 보일 필요는 없다. 오히려 우리의 결점을 인식하고 아이들의 정당한 관찰을 참을성 있게 받아들이는 것이 필요하다. 이 원리를 인식하면 우리가 실수를 했을 때도 아이 앞에서 사과할 수 있다.

어느 날 헬렌의 고모가 아이에게 말했다. "얘야, 내가 오늘 아침에 너에게 너무 심했지. 너 때문이 아니고 내가 너무 기분이 안 좋은 일이 있어서 그랬단다!" 그러자 어린 헬렌은 고모를 껴안아주며 말했다. "그래요, 고모" "나는 고모를 아주, 아주 많이 사랑해요!"

아이에게 완벽한 모범적인 모습으로 비춰야 하는 것이 우리의 의무는 아니다. 왜냐하면 아이들의 눈에는 항상 우리의 결점이 보이기 때문이다. 아이들은 종종 우리보다 더 명확하게 이것을 보고 우리가 그것을 인식하고 바로잡는데 도움을 줄 수 있다.

아이의 모든 정신적 표현을 주의 깊게 따르는 것은 아이를 해방시키는 것이다. 그래서 아이는 자신의 욕구를 드러내어 자신의 진보를 위한 모든 외부 수단을 스스로 보장할 수 있다. 이것이 아이의 자유와 조화로운 발달과 에너지를 싹트게 할 수 있는 전제이다."

[사진 61]
"아이의 작은 몸짓 하나에도 귀 기울일 때,
우리는 진짜 도움을 줄 수 있다."
"When we attend to even a child's smallest gesture,
we offer real help."

　만약 아이의 미세하고 섬세한 표현을 구별할 줄 모르고, 또한 이러한 충분한 경험과 사랑이 부족하다면, 만약 아이를 어떻게 존중해야 할지 모른다면, 어른들은 아이들이 격렬하게 폭력적으로 표현할 때만 그것을 인지한다. 이 시점에서, 어른들의 도움은 너무 늦게 된다. 대부분의 경우 어른들은 아이가 어른과의 소통이 되지 않아 만족하지 못하고 답답해서 울음을 터뜨릴 때에만, 이러한 요구를 파악하려고 노력한다. 그리고 어른들은 서둘러 아이를 달랜다.

*- 마리아 몬테소리*

[사진 62]
"아이의 눈물 속엔, 조금만 기다려 달라는 마음이 담겨 있다."
"In the child's tears is a heart quietly asking,
'Please wait a little longer'."

    눈물은 아이가 겪고 있는 것이 정말로 괴로워서 나타내는 표시이다. 아이는 내면의 삶을 구축하기 위해 일정한 휴식과 평온함이 필요하다. 하지만 어른들은 지속적이고 무자비하게 아이를 방해한다. 어른들은 아이들에게 많은 혼란스러운 인상을 던져주는데, 그것은 종종 너무 빨리 진행되어서 아이들이 그것들을 흡수하고 받아들일 시간을 주지 않는다. 그러면 아이는 마치 몸에서 배가 고프거나 혹은 너무 많이 먹어서 배탈이 났을 때와 같은 현상으로 괴로움을 눈물로 표현하는 것이다.

- 마리아 몬테소리

[사진 63]
"작은 손으로 담아낸 큰 감정,
어른은 판단이 아닌 공감으로 다가가야 한다."
"Emotions captured in small hands must be
met with empathy, not judgment."

　불쾌한 일을 겪은 아이에게 어른들이 "그거 별거 아니야!"라 말하는 것은 확인하고자 했던 자신의 인상을 부정하기 때문에 아이를 혼란스럽게 만든다. 반면에 우리가 아이와 함께 했던 것은 아이에게 다른 경험을 접하도록 격려를 해주며 동시에 그 경험들과 어떻게 관련되는지 보여 준다. 아이가 경험한 것을 부정하거나 너무 많이 말하거나 너무 깊이 분석해서는 안된다! 부드럽고 애정 어린 몇 마디 말만이 위로가 되는 반응이다. 이것을 토대로 아이는 자유롭게 관찰과 경험을 계속할 수 있으며 신체적 발달에 큰 도움이 될 것이다.

– 마리아 몬테소리

[사진 64]
"스스로 표현할 수 있는 환경이야 말로
아이에게 가장 큰 배움의 기회이다."
"An environment where the child can express themselves
is the greatest opportunity for learning."

아이에게 완벽한 모범적인 모습으로 비춰야 하는 것이 우리의 의무는 아니다. 왜냐하면 아이들의 눈에는 항상 우리의 결점이 보이기 때문이다. 아이들은 종종 우리보다 더 명확하게 이것을 보고 우리가 그것을 인식하고 바로잡는데 도움을 줄 수 있다. 아이의 모든 정신적 표현을 주의 깊게 따르는 것은 아이를 해방시키는 것이다. 그래서 아이는 자신의 욕구를 드러내어 자신의 진보를 위한 모든 외부 수단을 스스로 보장할 수 있다. 이것이 아이의 자유와 조화로운 발달과 에너지를 싹트게 할 수 있는 전제이다.

- 마리아 몬테소리

## 제17장
### 새로운 교사의 10가지 의무

　몬테소리 교육 체계의 기초는 다양한 자극을 사용하여 아이의 집중력을 일깨우는 데 있다. 하지만 이러한 자극은 교사가 아이에게 교구를 얼마나 잘 제공하는가에 달려 있다. 이 때문에 교육의 효과는 교사 자신과 교구 제공법에 의해서 결정될 수 있고, 무엇보다 교사는 아이들의 호감을 불러 일으키는 매력적인 교구를 만드는 방법을 알아야 한다. Dr. 몬테소리는 다음과 같이 새로운 교사의 지침이 될 수 있는 10가지 임무를 제시하였다.

1. **교사의 목표는 지식의 전달이 아니라 아이들의 정신적 에너지를 펼치게 하고 발달시키는 것이다.**

　　"몬테소리 교육 활동에서 가장 중요한 부분은 아이에 의해 시작된다. 아이가 의미 있는 행동을 할 수 있는 나이가 되면 논리적 과정과 연결된 신체적인 움직임을 자발적으로 반복하며 자기 스스로 교육을 한다. 아이는 이러한 방식으로 완벽하게 독립적인 작업을 수행하며, 자신에 몰두하고 교사가 간섭하지 않는 작업을 한다. 교사의 역할은 교구를 제공하는 것으로 제한되며 교구 사용법을 보여 주는 것으로 충분하다. 그 후 교사는 아이에게 작업을 맡긴다. 우리의 목표는 지식의 전달이 아니라 정신적 에너지를 펼치게 하고 발달시키는 것이다."

2. **교사는 계속해서 교구를 제공해야 한다.**

　　"피상적으로 보면 몬테소리 교사는 참으로 어려움이 없는 듯 보인다. 왜냐하면 교실의 아이들은 모두 자신이 원하는 활동을 자율적으로 하고 있기 때문이다. 그러나 실상을 보면 누구보다 힘든 일이 몬테소리 교사 일이다. 교사는 교구 제공을 끊임없이 해야 한다. 왜냐하면 아이는 그를 둘러싼 거의 모든 것을 무시하는 경향이 있고, 그 교구의 용도를 스스로 추측할 수 없기 때문이다. 이러한 이유로 교사는 항상 제공할 준비가 되어 있어야 한다. 그래서 교사는 계속해서 교구를 제공한다."

3. **교사는 말을 할 때는 움직이지 않고 움직일 때는 말을 하지 않는다.**

"일반적인 학교에서 수업을 할 때는 말로 설명하거나 강의를 진행하지만 몬테소리 학교에서 수업은 행동으로 보여주며 말없이 직접 아이에게 앉는 방법, 서는 방법, 그릇이나 쟁반을 옮기는 방법 등을 쉽고 확실하게 옮기도록 보여준다. 이와 같은 "조용한 수업"을 몬테소리 교육 방법의 상징이라고 말할 수 있다. 몬테소리 교육에서는 이런 방식으로 모든 것을 가르친다. 심지어 대부분의 사람들이 말 없이는 이해할 수 없다고 믿는 것들까지도 이렇게 제시한다."

4. **구두 지시에 따르는 교육 과정은 인지력이 발달된 이후에 제시되어야 한다.**

"몬테소리 학교에서는 환경 자체가 아이들을 가르친다. 교사는 아이가 환경에 직접 다가가도록 다양한 사용법을 보여준다. 그러나 이것을 다른 교육 방법에서는 보기 어렵다. 일반적인 다른 교육법에서 그들은 아이들에게 "조용히 해!" 혹은 "움직이지 마라!"라는 명령을 한다. 그리고 이것이 교육에서 필요한 말이라고 생각한다. 반면에, 몬테소리 교육은 말과 명령의 교육적인 힘을 믿지 않고, 아이가 모르는 사이에 조심스럽게 그의 자연적 활동이 발현되도록 움직임을 통해서 시도한다. 아이들은 새로운 역량을 획득하고 자신의 주도하에 부지런히 연습함으로써 이를 완벽하게 수행하면서 몬테소리 교육 방법의 성공을 입증하였다. 명령에 순종하는 것은 사전에 이미 형성된 인격을 전제로 한다. 달리 말해서 순종은 자기훈련에 의해서 얻어지고 단순한 명령에 의해서만 얻어질 수 없다. 명령에 순종할 수 있는 아이는 어른들이 원하는 대로 반응할 수 있는 능력을 사전에 이미 습득했어야 한다. 피아노 교사가 학생들에게 어떻게 손가락을 움직여서 피아노를 치는 지 보여 주지 않고 "손가락을 더 들어라!"라고 말하는 광경을 우리는 얼마나 자주 보고 있는가? 이 경우 교사는 학생들이 제대로 하는지 지켜보지만 결국 학생은 다시 손가락을 잘못된 위치에 놓고, 계속해서 잘못된 동작을 하게 된다. 명령에 따르는 것에는 반드시 필요한 것이 선행되어야 한다. 아이가 어른에게 순종하고 순종을 가능하게 하는 아이의 정신이 발달하는 과정에서 어떤 질서가 달성되었음이 틀림없다. 명령에 따르는 것은 아이가 스스로 이 순서를 잘 지키고 있다는 것이다. 따라서 아이가 내부의 정신적 질서를 갖추기 전에 아이를 지도한다는 것은 생각할 수 없기 때문에, 모든 구두지시는 교육 과정에서 상대적으로 나중에 제시 되어야 한다. 물론 그 구두지시를 이해하기 위한 말 역시 가르쳐야 하고, 아이의 어휘와 그것을 사용하는 방법을 생각해야 한다."

5. **교사는 관찰을 통해서 아이의 정신의 발달을 지도해야 한다.**

"종종 경험이 부족한 교사들은 가르치는 것을 매우 중요하게 여기고 그들이 의미 있는 방법으로 교구 사용법을 제시하고 나면 필요한 모든 것을 다 했다고 믿는다. 그러나 현실에서 그것은 사실과 거리가 멀다. 왜냐하면 교사라는 임무가 교구제공법보다 더 중요하기 때문이다. 교사의 임무는 아이의 정신의 발달을 지도해야 하는 과제가 있다. 관찰이 또한 중요하다. 아이에 대한 관찰은 오로지 아이를 이해하는 데만 국한되지 않는다. 교사의 모든 관찰은 교사의 임무에 있어서 아이를 도울 수 있는 유일하고 합리적인 방법이며 따라서 항상 진행되어야 한다."

6. **교사는 아이의 집중력을 방해해서는 안된다.**

   "새로운 교사의 임무는 어려운 것이며 나는 교사를 도울 수 있는 모든 원칙을 상기하려고 노력한다. 무엇보다도 교사는 교실의 집중이 깨지는 상황을 인식할 줄 알아야 한다. 아이가 그의 위대한 작업에 주의를 기울일 때, 교사는 그 사실을 존중해야 하고 잘한다고 칭찬을 하거나 틀렸다고 고쳐준다고 아이를 방해해서는 안 된다."

7. **아이의 긍정적인 에너지가 무너질 때는 개입해야 한다.**

   "(집중력을 방해해서는 안된다고 했을 때) 몇몇 교사들은 이 원리를 불완전하게 이해한다. 그들은 교구를 알려주고, 뒤로 물러나서, 무슨 일이 일어나든 침묵을 유지한다. 결과적으로, 교실은 큰 장애가 생긴다. 우리가 개입하지 말라는 의미는 아이의 활동에 대한 존중의 의미로 어떤 실질적인 것이 이미 아이의 삶에 개입했을 때, 즉 아이가 어떤 것에 모든 관심을 쏟고 그것에 전념할 수 있는 능력을 얻었을 때, 즉 아이가 단순한 호기심 뿐 만 아니라 모든 관심사를 드러냈을 때 개입하지 말고 이 순간의 아이는 존중 받아야 한다. 그러나 아이의 긍정적인 에너지가 무질서하게 흩어질 때 이것은 존중할 수 없다. 나는 어느 날 교구를 완전히 잘못 사용하고 있는 많은 무질서한 아이들이 있는 교실을 보았다. 교사는 교실 안에 있었지만 말없이 스핑크스처럼 서 있었다. 나는 그 교사에게 아이들이 차라리 밖에 나가서 노는 것이 더 낫지 않겠냐고 물었다. 그리고 나는 옆에 있는 아이의 귀에 대고 조용히 속삭이는 한 아이를 지나쳤다. "뭐하고 있는 거니?" 나는 아이에게 물었다. "저는 다른 아이들을 방해하지 않으려고 아주 조용히 말하고 있는 중이예요"

   이 교사는 중대한 실수를 저지르고 있었다. 그녀는 아이들이 각자 좋아하는 일을 할 수 있는 질서를 세우려 하지 않고, 아이들의 무질서를 통제하는 것을 두려워했다.

   한 번은 한 교사가 나에게 이렇게 말하였다. "당신은 우리가 과학자나 예술가만큼 아이들이 작업할 때를 존중하길 바랍니다. 그런데 아이들이 교구로 장난치고 놀고 있을 때 왜 교사들이 개입해야 한다고 말씀하시나요?" "네, 옳습니다." 나는 말했다. "나는 예술가의 영감만큼이나 아이의 지적 활동을 존중합니다. 하지만, 이 존경심은 예술가에 대한 존중보다 훨씬 높은 관점에서 영감을 포함하고 있는 것입니다. 예를 들어, 만약 내가 예술가의 스튜디오에 갔을 때 그가 담배를 피우거나 카드놀이를 하고 있는 것을 발견한다면, 당연히 그를 방해하는 것을 망설이지 않을 것입니다. "친구여, 무슨 일로 그렇게 바쁜가? 이런 종류의 일들은 너에게 별로 도움을 주지 않을 것 같은데 우리 담뱃불을 끄고 산책이나 하면서 햇볕을 쬐자!"라고 말입니다."

우리의 교육 방법은 확실히 잘못된 것이나 결점까지 존중하라고 제시하지 않는다. 몬테소리 교육 방법은 근본적으로 아이의 신체적 상태의 차이를 인식하는 능력에 기초하며 정신적 건강에 도움이 되는 작업들을 할 수 있도록 격려하는 것이다. 우리는 이것을 선이라고 부를 수 있다. 그리고 반면에 건설적이지 않고 아이의 발달을 파괴하고, 아이의 에너지를 쓸모없이 흩뜨리고 이끄는 사람들을 멀리해야 하며 이러한 상태를 우리는 악이라고 부른다. 교사뿐 만 아니라 부모님들도 이 차이를 가슴에 새겨야 한다."

8. **교사는 아이들을 지속적인 작업으로 이끌어야 한다.**

"활동력 있고 엄격한 교사가 아이들의 행동을 더 잘 통제할 수 있지만, 경험이 많은 다른 교사들은 아이들에게 명령만 하는 강압적인 방법보다 더 효과적인 수단을 제시한다. 의심할 여지없이 이것은 아이들을 지속적으로 관찰하며 지속적인 작업으로 이끄는 것이다. 이것을 위해 교사는 주변을 주의 깊게 살피고 정돈해야 한다. 이것이 명령하고 훈계하는 것보다 얼마나 더 간단한가! 하지만, 그것은 쉬운 일이 아니며, 커다란 사랑과 많은 통찰력을 필요로 한다."

### 9. 아이에 대한 명확한 비전을 가져야 한다.

"교사는 마치 남편을 위해 집을 매력적이고 쾌적하게 만들어주는 아내와 같이 아이의 환경을 보살펴야 한다. 그러나 그것 만으로는 충분하지 않다. 교사는 아이에게 무슨 일이 일어나고 있는지 알아야 하고, 아이를 위해 지식의 요람을 만들어야 한다. 작업을 하고 관찰하면서, 교사는 자신의 과제에 대한 명확한 비전을 가지고 임무를 마쳐야 한다. 교사가 얻는 성공은 아이들의 질서와 무질서가 있는 환경에서 종종 아주 작은 세부 사항을 관찰할 수 있는 능력에 달려 있다. 그래야만 결과가 만족스러울 것이기 때문이다."

### 10. 몬테소리 교육 방법의 원칙을 철저히 적용해야 한다.

"교사의 능력은 몬테소리 교육 방법의 원칙을 얼마만큼 사려 깊게 적용하는가에 달려 있다. 만약 교사가 이러한 원칙들을 철저히 적용할 수 있다면 교사는 사소한 어려움도 극복하고 큰 성과를 얻을 것이다.
이런 방식은 도덕적으로 완벽한 성취 뿐 만 아니라 모든 종류의 성취에도 해당된다. 원칙들을 철저히 적용한다면 작은 잘못조차도 극복할 수 있고, 꼭 완벽한 성취에 다다르지 않았더라도 본인이 인지한 채로 자신의 약점을 알고 이겨내며 성장할 수 있도록 하고, 긍정적인 에너지를 형성할 수 있도록 한다.

우리는 아이가 자신의 부족한 점을 의식하지 않고 도전할 수 있는 용기를 통해서 자신의 결점을 벗어나도록 도와야 한다."

[사진 65]
"가르침이 아닌, 스스로의 경험이 아이를 빛나게 한다."
"Not instruction, but experience is what makes a child shine."

　몬테소리 교육 활동에서 가장 중요한 부분은 아이에 의해 시작된다. 아이가 의미있는 행동을 할 수 있는 나이가 되면 논리적 과정과 연결된 신체적인 움직임을 자발적으로 반복하며 자기 스스로 교육을 한다. 아이는 이러한 방식으로 완벽하게 독립적인 작업을 수행하며, 자신에 몰두하고 교사가 간섭하지 않는 작업을 한다. 교사의 역할은 교구를 제공하는 것으로 제한되며 교구 사용법을 보여 주는 것으로 충분하다. 그 후 교사는 아이에게 작업을 맡긴다. 우리의 목표는 지식의 전달이 아니라 정신적 에너지를 펼치게 하고 발달시키는 것이다.

- 마리아 몬테소리

[사진 66]
"자발성은 준비된 환경에서 피어난다."
"Spontaneity blooms in a prepared environment."

    몬테소리 학교에서는 환경 자체가 아이들을 가르친다. 교사는 아이가 환경에 직접 다가가도록 다양한 사용법을 보여준다. 그러나 이것을 다른 교육 방법에서는 보기 어렵다. 그들은 아이들에게 "조용히 해!" 혹은 "꿈틀거리지 마!" 라는 명령을 한다. 그리고 이것이 교육에서 필요한 말이라고 생각한다! 반면에, 몬테소리 교육은 말과 명령의 교육적인 힘을 믿지 않고, 아이가 모르는 사이에 조심스럽게 그의 자연적 활동이 발현되도록 시도한다. 아이들은 새로운 역량을 획득하고 자신의 주도하에 부지런히 연습함으로써 이를 완벽하게 수행하면서 몬테소리 교육 방법의 성공을 입증하였다.

- 마리아 몬테소리

[사진 67]
"몬테소리 교실에서는 아이는 일하고, 교사는 관찰한다."
"In the Montessori classroom, the child works and the teacher observes."

　교사는 아이에게 무슨 일이 일어나고 있는지 알아야 하고, 아이를 위해 지식의 요람을 만들어야 한다. 작업을 하고 관찰하면서, 교사는 자신의 과제에 대한 명확한 비전을 가지고 임무를 마쳐야 한다. 교사가 얻는 성공은 아이들의 질서와 무질서가 있는 환경에서 종종 아주 작은 세부 사항을 관찰할 수 있는 능력에 달려 있다. 그래야만 결과가 만족스러울 것이기 때문이다.

- 마리아 몬테소리

[사진 68]
"교사의 손길은 아이의 영혼에 닿는다. 존중은 곧 선의 시작이다."
"The teacher's touch reaches the child's soul
—respect is the beginning of goodness."

    우리의 교육 방법은 확실히 잘못된 것이나 결점까지 존중하라고 제시하지 않는다. 몬테소리 교육 방법은 근본적으로 아이의 신체적 상태의 차이를 인식하는 능력에 기초하며 정신적 건강에 도움이 되는 작업들을 할 수 있도록 격려하는 것이다. 우리는 이것을 선이라고 부를 수 있다. 그리고 반면에 건설적이지 않고 아이의 발달을 피괴하고, 아이의 에너지를 쓸모없이 흩뜨리고 이끄는 사람들을 멀리해야 하며 이러한 상태를 우리는 악이라고 부른다. 교사 뿐 만 아니라 부모님들도 이 차이를 가슴에 새겨야 한다.

- 마리아 몬테소리

## 제18장

### 어른의 모습이 아이의 거울이다

"건강하고, 침착하고, 순진하고, 민감하고, 항상 다른 사람들을 도울 준비가 되어있는 이 아이들을 관찰하면서, 나는 인류의 근원에 불의를 퍼뜨린 아주 오래된 오류와 큰 죄 때문에 낭비해 온 인간의 에너지의 양을 반성한다. 아이의 무능력, 혼란, 반항을 낳는 것은 어른이고, 아이의 성격을 분열시키고, 그 중요한 충동을 빼앗는 것도 어른이다. 그리고 무엇보다도 그 자신이 아이에게 만들어 낸 오류, 정신적 일탈, 인격의 손상을 바로잡는 데 영향을 미치는 것도 어른이다. 그래서 우리는 출구가 없는 미로 속에, 희망도 없는 실패 앞에 있는 자신을 발견한다. 어른들이 의식적으로 자신의 잘못을 직시하고 바로잡기 전까지는, 그들은 해결할 수 없는 문제의 숲에 있는 자신을 발견할 것이다. 그리고 아이들은, 차례대로 또 어른이 되고, 같은 실패의 희생자가 될 것이다. 그들은 대대로 그것을 전달할 것이다."

"아이의 발달을 가로막는 장애물은 무수히 많고 심각하며, 그 위험의 정도는 어른들이 아이에게 의지하는 깊이에 달려 있다. 즉, 어른들은 자신의 신념과 도덕적 규칙에 따라 아이를 지도하려는 의지로 무장되어 있다. 그러므로 아이의 인격 형성에 가장 큰 위험을 주는 사람은 어머니나 선생님과 같이 가장 가까운 어른이다. 강자와 약자의 원시적 갈등에 대한 이 질문은 교육과 관련이 되어 있을 뿐만 아니라 아이가 자라서 성숙한 성인이 되었을 때 그들의 정신생활에 반영되어 그의 성격과 정서상태에서 정신병적이고 변칙적인 많은 것의 열쇠를 제공한다... 따라서 교육 문제의 통합적 해결의 첫 번째 단계는 아이가 아니라 어른인 교육자에게로 향해야 한다. 어른은 자신의 이해를 명확히 하고 많은 선입견에서 벗어나야 한다."

어른들이 갖고 있는 아이에 대한 가장 큰 선입견은 무엇일까? 우리는 누구나 아이는 나약하고 산만하고 시끄럽고 열등하다고 생각한다. 그러나 Dr. 몬테소리는 아이에 대해서 전혀 다른 모습을 발견하였다. 아이는 열정적이며 진지하고 작업에 몰두할 때는 조용하고 집중하며 창의적이다. 우리가 떨쳐버려야 하는 것은 바로 이 아이에 대한 선입견이라고 강조한다.

"그는 도덕적 태도를 바꿔야 한다. 그리고 아이의 삶에 장애물이 없는 적합한 환경을 준비해야 한다. 환경은 이러한 장애물에 맞서고, 자신의 우월한 특성 즉 새로운 인격의 더 높고 순수한 경향을 나타내기 위해 단계적으로 자유롭게 아이 자신의 필요에 따라 설계되어야 한다. 이것은 아이 뿐 만 아니라 어른을 위한 새로운 도덕 질서의 기초를 마련하는 데 필요하다. 실제로 아이에게 맞는 환경을 준비하고, 활동에 대한 욕구를 실현할 수 있는 자유에 노출된 아이에게서 우리는 이전에 보지 못했던 평화롭게 작업에 몰두하는 아이의 모습을 보았다. 평생 동안 어른과의 갈등 때문에 방어적이고 억압적인 태도만 발달할 수 있었던 아이가 그들의 정신 생활에 맞는 가장 기본적이고 적합한 환경에서 살게 되면서 숨겨져 있던 빛나는 모습을 드러내고 있다."

Dr. 몬테소리는 이러한 빛나는 모습을 발견하기 위해서 아이에게 맞는 환경이 필요하고 그 환경은 자유를 주는 만큼 제한도 필요힘을 역설한다.

"아이는 활동 자체를 통해 자신의 환경에서 발달하는 것은 사실이지만, 교구의 안내와 지침 그리고 필수적인 이해가 필요하다. 아이들의 발달에 중요한 이러한 필수품을 제공하는 것은 어른이다. 어른은 아이가 스스로 행동하기 위해 필요한 것을 제공하고 보여주어야 한다. 아이들이 필요한 것보다 부족하다면 아이는 의미 있게 행동할 수 없고, 필요한 것보다 지나치다면 아이는 자신을 강요하게 되어 창조적 충동을 소멸시킨다. 따라서 어른들은 제한 혹은 소위 말하는 "개입의 한계"를 결정해야 한다. 점진적으로 안내자로서 경험을 축적함으로써 이러한 결정은 보다 정확하게 된다. 이러한 과정을 통해 교사와 아이 사이의 필요한 이해력이 더욱 더 깊어진다.

아이의 활동은 물질적인 것, 즉 그의 환경에서 과학적으로 선택되어 자유롭게 다룰 수 있는 물건과 관련하여 발생한다. 여기에 문화 습득의 해법이 있다. 그와 같은 활동은 어른의 개입을 제한하는 것뿐만 아니라 아이가 자신의 발달 요구에 따라 필요한 이해를 스스로 얻을 수 있도록 하는 교구로 더 전통적인 형태의 가르침을 보완하는 데에도 의미가 있다. 활동에서 생기는 자유를 성취한 모든 아이들은 가장 깊고 창조적인 필요와 학습 과정의 발달에 따라 성장한다. 따라서 인격의 발달은 문화 습득에 도움이 되는 운동이 된다. 교사는 감독 및 안내자로서 능력을 유지하지만 필요한 경우에만 개입한다. 아이의 인격은 자신의 법칙에 따라 성장하며 행동 능력을 발휘한다.

우리는 실제적 경험으로부터 많은 유익한 통찰력을 얻어냈고, 이것은 우리가 명확한 과학적 교육학을 위한 새로운 지침을 구성하는 데 도움을 주었다. 그러한 지침 중 하나는 어른의 개입 뿐 만 아니라 교구와 일반적으로 환경 자체가 제한되어야 한다는 것이다. 물질이 너무 적거나 너무 많을 수 있으며 둘 중 하나는 아이의 발달에 해로울 수 있다. 부족하면 성장이 억제될 수 있고, 과잉은 혼란과 에너지 분산을 초래할 수 있다. 이 개념을 명확히 하기 위해서는 이미 언급된 유사한 경험을 언급할 필요가 있다. 예를 들어, 음식을 적게 섭취하면 영양실조에 걸릴 수 있지만, 지나치게 많이 먹으면 독성 효과 때문에 몸에 많은 병에 걸린다. 과식은 기운을 돋우는 것이 아니라 오히려 몸을 약하게 한다는 것으로 잘 알려져 있다. 그러나 한때는 많은 양의 음식을 먹는 것이 건강에 도움이 된다고 여겨졌다. 이 오류를 바로잡아, 의사들은 건강 유지에 필요한 음식의 질과 양에 대한 정확한 기준에 도달할 수 있었다. 사실, 영양학에서는 정확한 음식의 양을, 보다 더 정확히 측정하는 방법을 추구한다.

오늘날 교구가 교육의 핵심이라고 믿는 사람들은 종종 체계나 제한없이 많은 양의 교구를 제공하는 것이 낫다고 생각한다. 이 이론가들은 제한없이 먹음으로써 최상의 건강 상태를 얻을 수 있다고 생각했던 과거의 이론가들과 비유될 수 있다. 교육과 음식의 비유는 완벽하게 양립할 수 있다. 단지 한 경우는 몸이고 다른 한 경우는 정신일 뿐이다. 이제 지적 발달의 수단이며 완전한 발달과 가장 위대한 자발적 활동을 만들어낼 수 있는 교구에 대한 우리의 연구는 정확하게 한계를 드러내기 시작했다. 그러나 그러한 결심을 이끌어 내는 것은 항상 아이의 새로운 모습이다.

이 새로운 아이와 소통하고 있는 어른, 즉 교사는 완전히 새로운 지향점을 가지게 되었다. 그는 더 이상 힘있는 어른이 아니라 겸손한 자세로 새로운 아이들의 삶을 위해 봉사하는 어른이다. 아이의 두가지 심리 상태를 비교하면서, 먼저 논의의 기초를 확립하지 않고는 교육에 대해 논한다 것이 불가능하다.

아이들이 완전히 억압된 상태는 아닐지라도 오랫동안 방어적 상태에 있을 때에는 아이들이 위력적이고 강력한 어른 밑에 있었다고 말할 수 있다. 아이들의 모습이 정상적이고 그들이 창의력이 발휘되도록 허락된 상태에 있다면 아이들은 자유로운 상황에 있었다고 말할 수 있다.

첫 번째 경우, 아이들이 싸움을 할 경우 싸우는 문제의 숨겨진 원인은 어른이다. 하지만 어른들은 그 원인을 알 수 없어서 길을 잃고 헤맨다. 두 번째 경우, 어른은 자신의 잘못을 인식하고 아이와 올바른 관계를 맺고 있다. 이 경우에, 어른은 자신의 길을 쉽게 찾으며 밝고 경이로움으로 가득 찬 평화로운 새로운 세상을 발견한다.

이 두 번째 틀 안에서 과학적 교육을 실천하는 것이 가능하다. 실제로 과학의 개념은 진리가 발견되었고, 진보를 위한 안전한 기초가 있고, 오류에 대한 절차와 통제의 확실하고 결정적인 방법이 있다는 것을 전제로 한다. 이렇게 정확하게 이끄는 안내자는 아이 자신이다. 아이는 자신을 보살피는 어른에게 도움을 요청한다. "내가 나를 도울 수 있도록 도와주세요." Help me to help myself.

신생아는 생후 바로 몇 달 만에 자신의 실체를 드러낸다. 우리가 알아야 하는 중요한 심리적 현상들을 우리의 의식적인 정신과 언어적 표현에만 의지했던 이들은 이런 어린 아이들을 무시한다. 그리고 그들은 신생아에게는 신체적인 보살핌 외에는 아무것도 제공할 필요가 없다는 믿음을 나타낸다. 그러나 이것이 가장 중요한 사실들을 모호하게 만들었다. 만약 어른들이 아이의 정신적 발달을 억제하기보다는 인지할 준비가 되어 있다면, 아이의 내면이 지금까지 생각했던 것보다 훨씬 더 강렬하고 조숙하다는 것을 분명히 알 수 있다. 실제로, 아주 어린 아이라도 자신의 환경과 친밀감을 형성할 수 있다는 것이 명확하게 밝혀졌다. 이러한 관계는 아이의 운동 발달에 선행한다. 아이는 살아있는 정신을 가지고 있기 때문에 운동이나 언어 발달이 없을 때에도 정신적인 도움과 보살핌이 필요하다. 따라서 아이의 본성은 이원론적이며 그의 정신 생활과 육체 생활 사이의 기능적 차이를 나타내는데, 이는 거의 태어날 때 본능적으로 움직임을 나타내는 다른 동물과는 다른 현상이다. 인간은 스스로의 정신으로 자신을 드러내고 행동할 수 있는 중요한 도구를 만들어야 하며, 이는 인간만의 특징적인 우월성을 생각하게 한다. 인간은 결국 자기 자신의 인격을 형성하기 위해 자신의 의지대로 움직일 수 있는 복잡한 신체 구조에 생기를 불어넣어야 한다. 인간은 자신을 건설해야 하며, 결국 자신을 소유하고 자기 자신을 통제해야 한다. 그러므로 우리는 아이가 계속 움직이는 것을 본다. 아이는 행동과 정신의 관계를 조금씩 발달시켜야 하기 때문이다. 어른들의 활동이 생각에 의해 동기부여 되는 반면, 아이는 생각과 행동 사이의 일치를 이루도록 스스로 노력해야만 한다. 이것이 발달 과정에서 인격의 핵심을 이룬다.

이 때문에 아이의 움직임을 방해하는 사람들은 아이의 인격 구성에 장애물을 만든다. 이럴 경우 아이의 생각은 행동과 무관하게 발생하고 행동은 다른 사람의 명령에 좌우된다. 이 운동은 올바른 정신에 반응하지 않는다. 이 때문에 인격은 나약해지고 모든 행동을 약화시키는 내적 분열이 팽배해진다. 이것은 인류의 미래를 위해서도 피해야 할 중요한 사실이며 학교 뿐 만 아니라 가정 교육의 첫 번째 원칙으로 간주되어야 한다.

아이는 우리가 일반적으로 생각하는 것보다 훨씬 더 높은 정신적 존재이다. 아이는 일이 많아서가 아니라 무가치한 일로 고통을 받는다. 아이의 발달은 위대한 지적 능력과 그들의 인격을 존중해 주는 어른들의 노력에 달려 있다. 이제 전 세계의 수천 개의 학교에서 아무도 가능하리라고 믿지 않았던 일을 하고 있는 새로운 아이들을 볼 수 있다. 사실 아이들은 지칠 줄 모르고 오랫동안 일에 몰두하는 능력과 외부 세계와는 완전히 동떨어져 자신의 일에 집중하는 것을 보여주었다. 아이들은 문화에 대한 질문에서도 매우 조숙함을 보여주었다. 또한 언어에 있어서도 네 살 반 된 아이들이 글을 쓰는 법을 배운다. 그 열정이 너무나 크고 강렬해서 우리는 그것을 "쓰기의 폭발"이라고 정의했다.

이러한 모든 교육은 매우 어린 나이에 이루어지며 자발적인 활동이기 때문에 피곤하지 않고 쉽고 열정적이다."

이제껏 어른들은 아이를 미숙한 존재로만 생각하고 함부로 대해 왔다. 마음껏 무시하고 개입하고 명령하고 주입했다. 결국 아이들의 자연의 본성은 위축되고 위대한 잠재력은 피기도 전에 사라졌다. 그러나 Dr. 몬테소리는 위대한 아이들의 정신을 발견했다. 아이 안에 있는 정신적 실체는 세계를 바꿔놓을 힘이 될 것이라고 믿었다. 어떤 방식으로든 이 세상의 구원과 도움이 오게 된다면 그것은 반드시 아이에게서 올 것이라고 확신하였다. Dr. 몬테소리는 세심한 관찰자가 되어 아이들에게 꼭 필요한 환경을 준비해주고 그 환경과 아이를 연결해주고 장애물을 제거해 주었다. 그리고 아이 내면에 있는 선생님을 신뢰하였다. 아이 마음속에 있는 아주 정확하고 꼼꼼한 선생님이 아이 스스로를 이끌노록 노와수었다. 그러자 놀라운 현상이 일어났다. 수천수만 개의 학교에서 지칠 줄 모르고 오랫동안 자신의 일에 열중하는 아이들을 만나게 된 것이다.

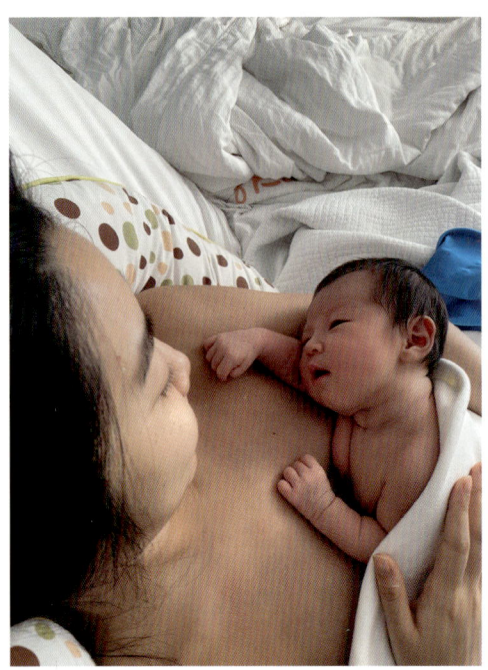

[사진 69]
"엄마와의 첫 만남과 접촉에서부터 아기의 자기 형성은 시작되고 있다."
"From the first meeting and contact with the mother,
the baby's self-formation begins."

  인간은 스스로의 정신으로 자신을 드러내고 행동할 수 있는 중요한 도구를 만들어야 하며, 이는 인간만의 특징적인 우월성을 생각하게 한다. 인간은 결국 자기 자신의 인격을 형성하기 위해 자신의 의지대로 움직일 수 있는 복잡한 신체 구조에 생기를 불어넣어야 한다. 인간은 자신을 건설해야 하며, 결국 자신을 소유하고 자기 자신을 통제해야 한다. 그러므로 우리는 아이가 계속 움직이는 것을 본다. 아이는 행동과 정신의 관계를 조금씩 발달시켜야 하기 때문이다. 어른들의 활동이 생각에 의해 동기부여 되는 반면, 아이는 생각과 행동 사이의 일치를 이루도록 스스로 노력해야만 한다. 이것이 발달 과정에서 인격의 핵심을 이룬다.

- 마리아 몬테소리

[사진 70]
"한 걸음, 한 걸음… 아이는 어른의 변화를 따라 세상을 배운다."
"Step by step, the child learns the world by
following the adult's transformation."

　따라서 교육 문제의 통합적 해결의 첫 번째 단계는 아이가 아니라 어른인 교육자에게로 향해야 한다. 어른은 자신의 이해를 명확히 하고 많은 선입견에서 벗어나야 한다. 그는 도덕적 태도를 바꿔야 한다. 또 다른 단계는 아이의 삶에 장애물이 없는 적합한 환경을 준비해야 한다. 환경은 이러한 장애물에 맞서고, 자신의 우월한 특성 즉 새로운 인격의 더 높고 순수한 경향을 나타내기 위해 단계적으로 자유롭게 아이 자신의 필요에 따라 설계되어야 한다.

- 마리아 몬테소리

[사진 71]
"아이를 돕는다는 것은 그들의 정신을 존중하고 기다려주는 일이다."
"To help a child is to respect and patiently wait for their spirit."

   아이는 우리가 일반적으로 생각하는 것보다 훨씬 더 높은 정신적 존재이다. 아이는 일이 많아서가 아니라, 무가치한 일로 고생하는 경우가 많다. 아이의 발달은 위대한 지적 능력과 그들의 인격을 존중해 주는 어른들의 노력에 달려 있다.

- 마리아 몬테소리

[사진 72]
"자신의 본성에 따라 자유롭게 일할 때,
아이는 본래의 평화롭고 집중된 모습으로 빛나기 시작한다."
"When working freely according to their nature,
the child begins to shine with peace and deep concentration."

    실제로 아이에게 맞는 환경을 준비하고, 활동에 대한 충동이 만들어내는 자유에 노출된 아이에게서 우리는 이전에 보지 못했던 평온하게 작업에 몰두하는 아이의 특징을 보았다. 평생 동안 어른과의 갈등 때문에 방어적이고 억압적인 태도만 발달할 수 있었던 아이는 그들의 정신 생활에 맞는 가장 기본적이고 적합한 환경에서 숨겨져 있던 빛나는 모습을 드러내고 있다.

- 마리아 몬테소리